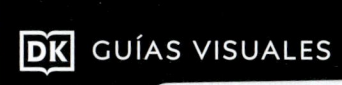

DK GUÍAS VISUALES

AF277084

TOP 10
ISLANDIA

Top 10 Islandia

Lo mejor de Islandia

CONTENIDOS

Recorridos por Islandia

Datos útiles

Las listas Top 10 de esta guía no siguen un orden jerárquico en cuanto a calidad o popularidad. Cualquiera de las 10 opciones, a juicio del editor, tiene el mismo mérito.

Portadilla, cubierta y lomo *La aurora boreal sobre la montaña y la cascada de Kirkjufell* ***Contraportada, desde arriba a la izquierda y en el sentido de las agujas del reloj*** *Atardecer en el puerto de Reikiavik; snowboard en Bláfjöll; pareja de frailecillos en los Fiordos Occidentales; aurora boreal en Kirkjufell; paisaje urbano de Reikiavik*

Debido a la pandemia de COVID-19 muchos hoteles, restaurantes y tiendas han modificado sus horarios o se han visto obligados a cerrar. Por favor, consulte con cada establecimiento antes de acudir.

Toda la información de esta Guía Visual Top 10 se comprueba regularmente. Se han hecho todos los esfuerzos para que esta guía esté lo más actualizada posible a fecha de su edición. Sin embargo, algunos lugares han podido cerrar y algunos datos, como números de teléfono, horarios, precios e información práctica, pueden sufrir cambios. La editorial no se hace responsable de las consecuencias que se deriven del uso de este libro, ni de cualquier material que aparezca en los sitios web de terceros, además no puede garantizar que todos los sitios web de esta guía contengan información de viajes fiable. Valoramos mucho las opiniones y sugerencias de nuestros lectores. Puede escribir al correo electrónico: **travelguides@dk.com**

Bienvenido a
Islandia

Famoso por su belleza natural, este país encandila a los visitantes con sus atronadoras cascadas, paisajes lunares de lava, humeantes volcanes y majestuosos fiordos. Posee también un rico legado vikingo –muchas sagas se escribieron en Islandia–, así como una apasionante cultura contemporánea. Con la guía Top 10 de Islandia ya puede comenzar a explorar este fascinante país.

Aquí puede pasar los larguísimos días del verano recorriendo el centro histórico de **Reikiavik,** bañarse en las aguas termales de la **laguna Azul** o disfrutar en un restaurante frente al mar de un salmón o una langosta recién pescados. Si busca aventuras, puede recorrer el sendero **Laugavegur** entre los manantiales de **Landmannalaugar** y la belleza de las tierras altas de Þórsmörk, o deleitarse ante la visión azulada de los icebergs de la zona de **Jökulsárlón.** Todo en esta isla-nación que emerge justo debajo del Círculo Polar Ártico.

Pero no solo el paisaje atrae. Reikiavik, pequeña pero sofisticada, ofrece una selección de cafés, bares y museos. Mientras tanto, la historia y la naturaleza se entrelazan en lugares como **Þingvellir,** el valle-falla que fue sede del primer parlamento vikingo de Islandia, y **Laxárdalur,** escenario de la trágica *Saga de Laxdœla*. Pese a todo, lo que atrapa es la belleza salvaje del país: campos de lava, cráteres volcánicos, piscinas de lodo y violentos géiseres.

Tanto si se trata de una visita de un fin de semana como de una semana completa, la guía Top 10 reúne lo mejor del país, desde rutas en todoterreno por el interior hasta tranquilos paseos por los parques de Reikiavik. Esta guía ofrece consejos útiles para disfrutar de actividades gratuitas y el mejor ocio al aire libre, además de nueve itinerarios fáciles para visitar el mayor número de lugares en poco tiempo. Si a esto se añaden fotografías inspiradoras y mapas detallados, se obtiene el compañero de viaje esencial de tamaño bolsillo. **Disfrute de la guía y disfrute de Islandia.**

Desde arriba y en el sentido de las agujas del reloj: **icebergs en Jökulsárlón, la laguna Azul, Hallgrímskirkja en Reikiavik, el volcán Eyjafjallajökull en erupción, la iglesia de Vík, un frailecillo, casas de turba en Djúpivogur**

Explorar Islandia

Los atractivos de Islandia se reparten entre su original cultura y su espectacular paisaje. En numerosas ocasiones los hechos históricos más destacados han ocurrido en lugares de gran belleza, por lo que los puntos de interés combinan historia y naturaleza. He aquí algunas ideas para sacar el mayor provecho a su estancia.

Las casas antiguas de **Reikiavik,** de brillante acero policromado resistente a las inclemencias.

Géiser Strokkur, entra en erupción cada pocos minutos.

Simbología
- Recorrido de dos días
- Recorrido de siete días

Islandia en dos días

Día ❶
Pasee por el centro y el puerto de **Reikiavik** *(ver p. 75),* visite el auditorio **Harpa** *(ver p. 76)* y las exposiciones culturales de las islas **Landnámssýningin, Safnahúsið y Listasafn** *(ver p. 75).* Por la tarde, vaya a contemplar la ciudad desde lo alto de **Hallgrímskirkja** *(ver p. 76)* o **Perlan** *(ver p. 77)* antes de ver los cuadros modernistas del **Kjarvalsstaðir** *(ver p. 76).* Finalice en los jardines botánicos de **Laugardalur** *(ver p. 77),* con sus más de 5.000 especies de plantas.

Día ❷
Recorra a pie (o en coche) el Círculo de Oro alrededor de la antigua sede parlamentaria de Þingvellir *(ver pp. 12-13),* las piscinas termales de

Geysir y las cascadas de **Gullfoss** *(ver pp. 18-19).* Disfrute de una tarde de baño en la **laguna Azul** *(ver pp. 14-15).*

Islandia en siete días

Día ❶
Explore el centro histórico y el puerto de **Reikiavik** *(ver p. 75),* visite la magnífica exposición del **Landnámssýningin** *(ver p. 75).* Recorra en coche los icónicos paisajes de Þingvellir *(ver pp. 12-13),* **Geysir** *(ver pp. 16-17)* y **Gullfoss** *(ver pp. 18-19),* para pasar después junto al cráter de **Kerið** *(ver p. 112)* y pernoctar en Selfoss.

Día ❷
Llegue por la costa suroeste hasta el **Centro de la Saga de Hvolsvöllur** *(ver p. 112),* la cascada **Seljalandsfoss**

0 kilómetros 60

Húsavík

Krafla

Námaskarð

Akureyri

Lago Mývatn

Mývatn

Seyðisfjörður

Egilsstaðir

Lagarfljót

Höfn

Svartifoss
Skaftafell

Jökulsárlón

La laguna **Jökulsárlón** está salpicada de azulados icebergs flotantes.

La **cascada Seljalandsfoss** se alimenta del agua fundida del glaciar Eyjafjallajökull.

(ver p. 44), el impresionante casquete polar de **Eyjafjallajökull** (ver p. 46) –protagonista de la erupción de 2010– y **Skógafoss** (ver p. 45). Pase la noche en **Vík** (ver p. 110), con sus grandes colonias de aves marinas.

Día ❸
Cruce el desierto de grava al este de Vík hasta **Skaftafell** (ver p. 25), donde se pueden ver lenguas glaciares y las cascadas **Svartifoss** (ver p. 54). Siga hasta los icebergs de **Jökulsárlón** (ver pp. 32-33) y los restaurantes de langosta de **Höfn** (ver p. 103), con vistas a los casquetes polares de **Vatnajökull** (ver p. 24) a lo largo de la ruta.

Día ❹
Suba por la costa este y luego por el interior hacia **Egilsstaðir** (ver p. 101), para un recorrido por el valle

Lagarfljót (ver p. 103) o ir al puerto de **Seyðisfjörður** (ver p. 102) en los Fiordos Orientales.

Día ❺
Conduzca hacia el **lago Mývatn** (ver pp. 20-21) y desvíese para explorar el Krafla y las piscinas de barro de Námaskarð. Rodee el lago Mývatn, hasta las piscinas naturales de Mývatn.

Día ❻
Diríjase hacia la costa norte y embarque en **Húsavík** (ver p. 96) en una excursión para ver ballenas; luego siga hasta **Akureyri** (ver p. 96).

Día ❼
Regrese a Reikiavik y pase un rato en la **laguna Azul** (ver pp. 14-15) de camino al aeropuerto.

Top 10 Islandia

La laguna glaciar Jökulsárlón
al atardecer

🔟 Lo esencial de Islandia

Islandia se asienta sobre una activa dorsal volcánica, al borde del Círculo Polar Ártico. Tiene fama por sus paisajes: cascadas espectaculares, ardientes volcanes, géiseres activos y campos de lava azotados por el viento. La isla tiene una rica historia y una vibrante cultura que se aprecian en todas partes, desde los pequeños pueblos de pescadores hasta la cosmopolita Reikiavik.

Parque Nacional de Þingvellir ①

Este gran cañón, que se sigue ampliando gracias al movimiento de las placas tectónicas, fue sede del Parlamento vikingo de Islandia (ver pp. 12-13).

② Laguna Azul

Disfrute de una sauna o un baño en las pálidas aguas azules del spa al aire libre más hermoso de Islandia, rodeado de negras rocas volcánicas (ver pp. 14-15).

③ Manantiales de Geysir

A una hora y media de Reikiavik, estas burbujeantes piscinas y chorros verticales de agua han acabado dando nombre a todos los géiseres del resto del mundo (ver pp. 16-17).

Gullfoss ④

Esta impetuosa cascada se ha convertido en símbolo nacional desde que se rescató del olvido en la década de 1920 (ver pp. 18-19).

⑤ Zona del lago Mývatn

El lago Mývatn reúne lo mejor de Islandia: naturaleza salvaje, volcanes, pozas de lodo, lenguas de lava y piscinas termales (ver pp. 20-21).

Ísafjörður
Gjögur
Þingeyri
Bíldudalur
Hólmavík
⑧ Acantilados de Látrabjarg
Brjánslækur
Breiðafjörður
Laugar
Ólafsvík
Stykkishólmur
Brú
⑦ Vegamót
Parque Nacional de Snæfellsjökull
Bifröst
Borgarnes
Langj
Faxaflói
Gullfoss
Parque Nacional de Þingvellir ①
Reikiavik
③ Manantia de Geys
Laguna Azul ②
Selfoss
Hvolsvöllur

6 Parque Nacional de Vatnajökull

Esta reserva protege los casquetes de Vatnajökull y sus magníficos glaciares, y también sus bellos ríos, gargantas y montañas *(ver pp. 24-25)*.

7 Parque Nacional de Snæfellsjökull

La cumbre nevada del Snæfellsjökull, un volcán extinto, corona la península más occidental de Islandia. Su altura hace que se vea desde Reikiavik *(ver pp. 26-27)*.

8 Acantilados de Látrabjarg

Perdidos en el noroeste de la isla, remotos incluso para los islandeses, los acantilados de Látrabjarg albergan una de las colonias más extensas de aves marinas de Europa, y son hogar de millones de gaviotas, araos y frailecillos *(ver pp. 28-29)*.

10 Jökulsárlón

La Hringvegur (carretera de circunvalación) lleva hasta esta laguna situada entre el glaciar Breiðamerkurjökull y el océano Atlántico, poblada de focas e icebergs *(ver pp. 32-33)*.

9 Zona de Landmannalaugar

Sus ríos sin puentes, montañas volcánicas y manantiales trasladan al viajero al centro de la naturaleza salvaje, aunque los autobuses permiten un fácil acceso en verano *(ver pp. 30-31)*.

TOP 10 ★ Parque Nacional de Þingvellir

La situación de Islandia en medio de la dorsal atlántica se advierte en Þingvellir (Explanada de la Asamblea), donde la tierra se ha abierto en un profundo surco que continúa hacia el norte. En el 930, los caudillos de la isla eligieron este lugar para celebrar cada año su Alþing (Asamblea General). Casi 4.000 de los cerca de 40.000 habitantes se reunían aquí. La Alþing fue perdiendo poder tras aceptar Islandia la soberanía noruega en 1262, aunque se celebró hasta 1798.

1 Lögberg
Esta *Roca de la Ley* que sobresale bajo las crestas de Almannagjá marca el lugar que ocupaba el orador del Alþing para recitar las leyes a las masas. Aún pueden distinguirse las trazas de los buðir, los campamentos usados en época vikinga.

2 Iglesia de Þingvellir
Este discretísimo edificio de madera con tejado negro *(abajo)* es un vestigio de la Alþing del año 1000 d. C., cuando, pese a la oposición de los sacerdotes paganos y los caudillos, Islandia adoptó el cristianismo como religión única bajo la amenaza de una invasión noruega *(ver p. 36)*. La iglesia se construyó en 1859, pero su púlpito es de 1683.

4 Almannagjá
Un paseo por el barranco de Almannagjá *(arriba)*, flanqueado de paredes escarpadas, explica la geología de Þingvellir. Aquí, las placas norteamericana y euroasiática se separan a una media de 2,5 cm al año; Islandia se halla en el medio.

5 Þingvallavatn
Con sus 84 km², Þingvallavatn *(abajo)* es el lago natural más grande de Islandia. Sus aguas cristalinas son excelentes para la pesca de la trucha y el salvelino, así como para el buceo.

3 Formaciones volcánicas
La extensa y plana cumbre del Skjaldbreiður –un antiguo volcán en escudo– fue la fuente de una lengua de lava que ahora cubre el valle de Þingvellir. Al enfriarse, se formaron abruptos afloramientos de lava *a'a*, así como superficies más suaves de lava *pahoehoe*.

⑥ Flora
El valle de Þingvellir está cubierto por musgo, liquen, orquídeas, sauces y abedules. En otoño muestra un excepcional colorido y los habitantes recogen camarinas (*izquierda*), usadas para hacer mermelada.

⑦ Öxarárfoss
La leyenda dice que las cataratas Öxarárfoss se formaron hacia el 930 d. C., al desviar el río para suministrar agua durante las asambleas. En época medieval fue lugar de ejecuciones.

⑧ Naturaleza
La zona al norte de las orillas del lago Þingvallavatn alberga abundante vida salvaje. En ella se ven cisnes, serretas (*derecha*) y colimbos en el agua, así como agachadizas, perdices nivales, visones y zorros árticos en tierra.

⑨ Centro de información
El centro de información, en lo alto de la brecha y sobre la carretera 36, regala magníficas vistas de Þingvellir. Alberga la exposición interactiva "Heart of Island", para conocer la zona.

⑩ Peningagjá
Peningagjá es un enclave único: una estrecha y profunda fisura de lava anegada de un agua cristalina. Al fondo de su pozo se ven brillar las monedas lanzadas por los visitantes tras pedir un deseo.

IMPOSICIÓN DE PENAS

Los tribunales del Alþing casi siempre lograban hacer cumplir sus sentencias. Los litigantes aceptaban los veredictos porque reflejaban la opinión pública, aunque en teoría –y a veces en la práctica– los hombres poderosos lograban ignorar las sentencias desfavorables. Los tribunales intentaban resolver los conflictos a través de la mediación, aunque algunas veces se dictaba la pena máxima vikinga: expulsión al interior de Islandia durante 20 años y después muerte.

INFORMACIÓN ÚTIL

MAPA C5 ■ Desde Reikiavik, los autobuses turísticos que recorren el Círculo de Oro visitan Þingvellir todos los días del año. En coche, calcule 60-90 minutos por la carretera 36; *parking*: 750 ISK ■ Horario de autobuses: www.bsi.is ■ www.thingvellir.ies/en

■ Desde el centro de información se puede bajar a la Roca de la Ley por los acantilados de Almannagjá, desviarse a Peningagjá y la iglesia, y subir hacia Öxarárfoss. Los senderos que remontan el barranco permiten ver algunas granjas abandonadas, pero hay que tener cuidado porque pueden ocultar grietas.

■ El centro de información cerca de Hakið tiene tienda de recuerdos y cafetería.

TOP 10 ★ Laguna Azul y alrededores

La laguna Azul (Bláa Lónið) es el principal *spa* geotermal de Islandia. Situada en un desolado paisaje de lava, su color azul le añade un increíble toque de color. Es posible relajarse en sus humeantes aguas, recibir un tratamiento, disfrutar de una excelente comida o quedarse por la zona para intentar presenciar la aurora boreal. Si se dispone de transporte propio, hay enclaves cercanos que visitar, como el Museo Islandés del Pescado en Salazón de Grindavík, los manantiales de Seltún y la pesquería abandonada de Selatangar.

1 Antecedentes y origen
La tranquila laguna Azul se formó cuando una corriente de agua marina geotermal salida de la central geotérmica de Svartsengi se acumuló sobre la lava *(arriba)*. Los islandeses descubrieron que el agua curaba enfermedades cutáneas, lo que llevó a la apertura de un centro termal en la década de 1980.

2 Un enclave de lava único
La laguna está bordeada por formaciones rocosas de lava negra, que se acumulan a su alrededor y sirven de marco a sus aguas azuladas.

3 *Spa* geotérmico
El agua, a una temperatura de 37 °C, resulta agradable y la enorme laguna *(abajo)*, con su sauna adyacente, es el lugar perfecto para relajarse.

4 Servicios del *spa*
Disfrute de un relajante masaje en una zona privada de la laguna *(arriba)* u opte por un tratamiento de limpieza usando el polvo de sílice, minerales, algas y sal obtenido tras procesar las aguas de la laguna. También se ofrecen tratamientos de belleza. Es conveniente reservar con antelación cualquier servicio del *spa*.

5 Clínicas de salud y dermatológicas
Las sales minerales y el sílice de la laguna Azul son capaces de aliviar rápidamente el eczema, la soriasis y otros problemas cutáneos. Se pueden recibir tratamientos especializados en la clínica cercana a la laguna o simplemente comprar sus productos para usarlos en casa.

(6) Restaurante Lava
Disfrute de platos islandeses como la langosta a la parrilla o el solomillo de cordero, con la laguna a la vista. También cuenta con un excelente bar accesible desde el agua y una cafetería.

(7) Museo Islandés del Pescado en Salazón
En Grindavík, a un corto paseo en coche hacia el sur, este museo (izquierda) muestra la herencia pesquera de Islandia en dioramas y fotografías.

ENERGÍA GEOTÉRMICA

La planta de energía geotérmica de Svartsengi aprovecha su localización sobre una línea de falla para suministrar energía y agua caliente, económica y ecológica, a la península de Reykjanes. El agua geotermal se bombea desde 1 km de profundidad, se hace vapor y hace girar las turbinas que producen unos 76 MW de electricidad. Después, el vapor se enfría y se vierte en la laguna Azul. Cinco plantas geotérmicas producen la cuarta parte de la electricidad del país.

(10) Pasar la noche
Entre las ofertas de hoteles para pasar la noche están The Retreat at Blue Lagoon (ver p. 129), Silica Hotel y el Northern Lights Inn. Este último es un lugar fantástico en invierno, cuando se puede ver ocasionalmente la aurora boreal cruzando el cielo nocturno.

(8) Manantiales de Seltún
A unos 22 km al este de la laguna se hallan las fuentes termales de Seltún (abajo). Uno de sus géiseres explosionó en 1999. Hay un paseo entre fumarolas.

(9) Selatangar
Este pueblo a 15 km de la laguna se vació hacia 1850. Se pueden ver sus ruinas surgiendo de las dunas negras y las formaciones de lava.

INFORMACIÓN ÚTIL

MAPA B5 ■ Laguna Azul, 240 Grindavík ■ Rutas diarias en autobús desde Reikiavik y Keflavík. Información de autobuses: www.re.is; www.destinationbluelagoon.is ■ 420 8800 ■ www.bluelagoon.com

Horario Ene-may: 8.00-20.00 (med ago-sep: hasta 22.00; oct-dic: hasta 21.00; 24 dic: hasta 15.00); jun: 7.00-23.00 lu-do (jul-med ago: hasta 24.00)

Entrada 11.990-79.000 ISK (reservar)

Museo Islandés del Pescado en Salazón: www.grindavik.is
Manantiales de Seltún: www.vistreykjanes.is
Selatangar: www.vistreykjanes.is

■ Por el alto contenido en minerales hay que ducharse antes y lavarse con champú al salir.

■ La laguna Azul cuenta con una cafetería donde se pueden comprar bebida y *snacks*.

TOP 10 ⭐ **Manantiales de Geysir**

La zona de los manantiales termales de Geysir está en las faldas de Bjarnarfell, 90 minutos al noreste de Reikiavik, y comprende más de una docena de manantiales de agua caliente, incluyendo el Geysir, que ha dado nombre a los demás géiseres del mundo. La zona se volvió activa hace unos 1.000 años y actualmente su chorro más impresionante es Strokkur. La piscina natural de Geysir es mucho más grande, pero por lo general apenas deja ver unas burbujas. Haukadalur cuenta con una interesante iglesia antigua y algunas rutas senderistas.

1 Manantiales de Geysir
Geysir, *el chorro (arriba),* no alcanza su altura máxima de 70 m desde mediados del siglo XX, aunque hasta que se prohibió en la década de 1980, echar jabón en polvo en la piscina causaba uno o dos *estornudos.*

2 Blesi
Subiendo la ladera tras Geysir se llega a Blesi, con dos piscinas gemelas, una clara y caliente, la otra más fría y de tono azul tenue por los minerales de sus aguas *(abajo).*

4 Strokkur
Strokkur, *la batidora (arriba),* erupciona diez veces por hora, con un chorro de claras aguas que alcanza entre 15 y 30 m de altura casi en silencio. Entre erupciones se observa el agua de su piscina burbujeando a medida que aumenta la presión.

5 Litli Geysir
En la ruta que lleva a Strokkur, el a menudo ignorado Litli Geysir *(abajo)* está algo apartado, a la izquierda. En el pasado un pequeño géiser, actualmente es una poza fangosa que arroja vapor y burbujas.

3 Konungshver
Visite el *manantial del rey* en un soleado día de verano para disfrutar de sus colores. Sus aguas azul intenso cubren un fondo de rocas rojoanaranjadas. Además, ofrece magníficas vistas.

6 Hótel Geysir
Este hotel (*arriba*), cruzando la carretera desde los manantiales, se construyó en 2019. Su restaurante (*ver p. 113*) ofrece almuerzos tipo bufé y cenas a la carta.

7 Iglesia de Haukadalur
En un bosque a 2 km de Geysir, esta bonita iglesia de tejado rojizo se construyó en la década de 1840 y se amplió en la de 1930. Muestra un anillo en la puerta que se dice fue entregado a un granjero local por el gigante Bergþór, cuyo túmulo se halla en las cercanías.

CHORROS DE AGUA
Los géiseres se crean en unos conductos verticales de ventilación, muy profundos, conocidos como tuberías. El agua al fondo del conducto, al estar en contacto con las rocas magmáticas, entra en ebullición y se expande hacia arriba, mientras el agua fría de la superficie del géiser actúa como una especie de tapa a presión, frenando el agua que sube hasta que el exceso de presión hace que el géiser se dispare hacia el cielo. Strokkur es perfecto para ver cómo el agua se va "hinchando" antes de cada erupción.

8 Bosque de Haukadalur
Desde la década de 1940, el servicio forestal islandés ha plantado millones de alerces, pinos y rosáceas en el valle de Haukadalur. Un sendero recorre la zona y pasa por un barranco repleto de cascadas.

INFORMACIÓN ÚTIL
MAPA C5 ■ El área de Geysir está junto a la carretera 35, a unos 90 minutos de Reikiavik ■ Autobuses turísticos desde la estación BSÍ de Reikiavik ■ Horario de autobuses: www.bsi.is
Hótel Geysir: www.geysircenter.com

■ Permanezca en los senderos o rutas señalizadas y no se adentre en las piscinas o sus cercanías, ya que el agua alcanza altísimas temperaturas. El agua del Strokkur es fresca, pero necesitará un chubasquero para acercarse.

■ El Centro Geyser tiene tres restaurantes: dos ofrecen hamburguesas, pizzas y sopas, mientras que el Geysir Glíma sirve platos islandeses tradicionales.

9 Centro Geysir
Justo al otro lado de los manantiales, el Centro Geysir tiene una tienda de recuerdos (*derecha*) que vende postales, ropa de lana islandesa y joyería exclusiva, además de tener un excelente *supa* (restaurante de sopas).

10 Bjarnarfell
Aunque hace falta subir una fuerte cuesta hasta coronar el Bjarnarfell (727 m), que se alza junto a Geysir, las vistas en días despejados de la roca rojiza y los campos verdes son una buena recompensa.

⭐ Gullfoss

La cascada doble de Gullfoss, en el río Hvítá, es espectacular, ya sea medio congelada en invierno, con todo su caudal tras el deshielo en primavera, o rugiendo en el largo crepúsculo estival. A ello se une su situación en un profundo cañón, al igual que el paisaje de cumbres heladas y desiertos de grava que se extienden al norte –en contraste con el verde de la vegetación que cubre las orillas del río–. Extreme las precauciones y no pierda de vista a los niños, ya que los caminos son resbaladizos y no hay barandillas de seguridad ni señales de peligro.

1 El origen de los nombres
Las nubes teñidas de arcoíris que flotan sobre Gullfoss le han dado nombre: cascada Dorada. Hvítá (río Blanco) proviene del sedimento glaciar de color claro que arrastra.

2 Geología
La historia volcánica de esta zona se aprecia en los acantilados frente a la plataforma panorámica, con sus diversos estratos de ceniza originados por erupciones volcánicas y combinados con basalto (arriba).

3 El cañón
El cañón sigue durante 2 km desde Gullfoss a través de las columnas de basalto. Se puede seguir el paseo que recorre la cumbre o hacer una excursión en rafting.

5 Vista desde lo alto
La mejor zona, y la más segura, es la plataforma situada en lo alto del cañón (arriba). Busque el mejor punto y disfrute de este enclave.

Vista desde abajo 4
Desde este punto de observación y empapado por el agua de la cascada (derecha), podrá apreciar sus imponentes dimensiones: el río cae 10 m, gira a la derecha y vuelve a caer.

7 Placa en honor a Sigríður Tómasdóttir
Una placa conmemorativa a Sigríður Tómasdóttir *(izquierda)* recuerda su exitosa campaña para salvar estas cascadas de ser convertidas en una central eléctrica.

6 Sendero Sigríðarstofa
Este sendero a pie, que parte de Gullfoss, usa carteles para mostrar la dureza de la vida cotidiana en la región, encajonada entre las llanuras relativamente fértiles del oeste y la estéril naturaleza del interior helado de Islandia, que se extiende al norte.

SALVAR GULLFOSS

En 1907, el terrateniente Einar Benediktsson renunció por escrito a Gullfoss para que quedase sumergida bajo la construcción de una presa eléctrica sobre el río Hvítá. Sigríður Tómasdóttir, cuyo padre había firmado el acuerdo, se enfadó tanto que inició acciones legales contra los promotores. Aunque perdió el caso, la opinión pública se movilizó tanto a su favor que las obras nunca se iniciaron y Gullfoss fue posteriormente donada al Estado islandés como reserva natural.

8 Centro de información
La cafetería del centro de información sirve comida deliciosa. No tiene vistas de las cascadas, pero sí de montañas y glaciares.

9 Tienda de recuerdos
La tienda de recuerdos del centro de información no vende nada de Gullfoss salvo postales, pero ofrece camisetas, ropa deportiva, libros sobre Islandia y joyas de lava.

INFORMACIÓN ÚTIL

MAPA D4 ■ Autobuses turísticos diarios desde la estación BSÍ de Reikiavik; www.bsi.is

■ Visítela en invierno, cuando Gullfoss está medio helada y oculta tras espectaculares cortinas de hielo; las tardes de verano ofrecen las mejores condiciones lumínicas para hacer fotografías.

■ Pruebe la típica sopa de cordero en la cafetería del centro de información. El chocolate caliente también es delicioso.

10 Kjölur
Esta ruta de 160 km *(arriba)* se dirige hacia el norte desde aquí a través de llanuras de grava, entre los casquetes polares de Langjökull y Hofsjökull.

TOP 10 ⭐ Zona del lago Mývatn

Este *lago de los Mosquitos* es una tranquila extensión de agua al este de Akureyri, hogar de aves acuáticas durante el verano. Sin embargo, el paisaje circundante no es muy tranquilo, ya que Mývatn está rodeado por una mezcla de conos volcánicos extintos y retorcidas formaciones de lava, piscinas termales, pozas de lodo hirviente y ululantes respiraderos volcánicos. Al norte de Reykjahlíð se encuentra el principal asentamiento de Mývatn, en el que podrá organizar la visita a los enclaves de la zona, así como a la caldera de Askja, en el árido interior.

1 Lago Mývatn
Alimentado por manantiales y con una superficie de 36 km², el lago Mývatn se originó durante un periodo volcánico hace unos 4.000 años. Las formaciones de lava dominan sus orillas norte y este; la sur y la oeste son pantanosas.

2 Pseudocráteres
Los pseudocráteres *(abajo)* son volcanes en miniatura formados por burbujas de vapor que explotan dentro de la lava que fluye por las zonas pantanosas. Hay muchos alrededor de Mývatn, pero el mejor, al que llegan varios senderos, es el de Skútustaðir.

3 Laxá
Laxá, o *río del Salmón*, se nutre del lago Mývatn y fluye hasta el mar cerca de Húsavík. Dese un paseo a lo largo de su orilla para ver a los patos arlequines zambulléndose en sus aguas entre mayo y julio.

4 Dimmuborgir
Esta extraña masa de formaciones de lava constituye una sorprendente excursión de una hora por senderos señalizados. Asegúrese de visitar la antigua tubería de lava drenada conocida como Kirkja (la Iglesia) y esté atento para ver algún gerifalte, en peligro de extinción.

5 Punto de encuentro de aves acuáticas
Las larvas y las algas de las aguas superficiales del Mývatn ofrecen abundante alimento para falaropos, cisnes, patos buceadores, zampullines cuellirrojos y 13 variedades de patos, incluyendo el porrón islándico *(abajo)*.

6 Piscinas naturales de Mývatn

Como en la laguna Azul *(ver pp. 14-15)*, Mývatn *(arriba)* invita al baño en sus aguas cálidas y ricas en minerales. Las vistas del lago y su entorno son magníficas.

LOS INCENDIOS DE KRAFLA

Los terremotos sufridos entre 1975 y 1984 provocaron la apertura de una larga fisura volcánica en Leirhnjúkur, al oeste del volcán Krafla, hecho que pasó a conocerse como los Incendios de Krafla. La lava se derramó sobre la llanura, dejando tras de sí una fascinante extensión de formaciones aún humeantes que pueden explorarse a pie desde Krafla. No obstante, es una excursión para expertos, ya que los senderos son escarpados y bordean peligrosas zonas calientes.

10 Krafla

Al noreste de Mývatn, el volcán Krafla se activó por última vez hacia 1720, y su lava casi cubrió la iglesia de Reykjahlið. Viti, un cráter anegado del Krafla, es de color azul *(izquierda)*.

7 Hverfjall

Este cono de 400 m de altura está formado por cenizas y grava volcánica. El sendero señalizado que rodea la cresta del cráter ofrece fantásticas vistas.

8 Askja

Al sur de Mývatn se encuentra Askja *(ver p. 47)*, una caldera anegada de 8 km de diámetro. La erupción del cercano cráter de Viti en 1875 provocó el éxodo hacia el noreste.

INFORMACIÓN ÚTIL

MAPA F2-F3 ▪ Servicio de autobuses locales y turísticos desde Akureyri ▪ En Reykjahlið hay una pista de aterrizaje

▪ En verano necesitará hacerse con un sombrero protector antimosquitos en las tiendas locales, frente a las inofensivas pero molestas picaduras, sobre todos los días sin viento.

▪ El bistró-bar Gamli Bærinn en Reykjahlið ofrece buen café y comida. Otras opciones para tomarse algo en la zona son The Bird Museum, Café Sel y Kaffi Borgir.

9 Námaskarð

Inmerso en un paisaje de arcilla roja con vetas amarillas y blancas, Námaskarð es un área de pozas de lodo sulfuroso *(abajo)*. Extremar las precauciones al explorar la zona.

Páginas siguientes Cascada Selfoss en el Parque Nacional de Vatnajökull

TOP 10 ★ Parque Nacional de Vatnajökull

El Parque Nacional de Vatnajökull, patrimonio de la humanidad por la Unesco, cubre unos 14.700 km², el 14% de la superficie de Islandia, y comprende el casquete polar de Vatnajökull, así como las solitarias zonas circundantes. Los largos cañones y enormes cascadas de Jökulsárgljúfur, el alto páramo y los glaciares pareados de Skaftafell, la salvaje naturaleza de Snæfell y los restos de la catastrófica erupción volcánica de Lakagígar dan para varios días de visita. Practicar el senderismo, escalar en hielo, pasear en moto de nieve o navegar en kayak son algunas de las opciones de este gran parque.

1 Vatnajökull
El casquete polar de mayor volumen de Europa, Vatnajökull, domina las vistas del interior desde el sur. Más de 12 glaciares se deslizan hacia la costa desde su cumbre *(abajo)*. A lo lejos, aún arden al menos cinco volcanes activos.

2 Formaciones glaciares
Los glaciares son ríos de hielo que avanzan unos centímetros al día (muchos de los islandeses están en retroceso). La extrema presión desgasta la roca, generando crestas de morrena de grava y sacándolas al exterior, con su característico color azul.

3 Aves silvestres
Las playas de arena negra o *sandar*, procedentes del subsuelo glaciar, constituyen el hogar ideal para la cría de numerosas aves, como el págalo grande *(izquierda)*, una agresiva ave marina de tonos marrones que a veces ataca a otros pájaros.

4 Hvannadalshnjúkur
Con sus 2.110 m de altura, este pico que emerge de Vatnajökull es el punto más alto de Islandia. Se necesita mucha experiencia para concluir las 15 horas de ascenso a su cima.

5 Ásbyrgi
Se dice que esta garganta *(arriba)* es la huella de una de las ocho patas del caballo del dios Odín, Sleipnir. Fue tallada por las inundaciones del Vatnajökull.

⑧ Skaftafell

Skaftafell pasó a formar parte del Parque Nacional de Vatnajöjull en 2008. Cubre grandes extensiones de altiplanicies accesibles y alberga Svartifoss (izquierda), una cascada flanqueada por columnas hexagonales de basalto. El parque alberga azuladas lenguas glaciares que surcan la gravilla y ofrece una maravillosa excursión a pie bien señalizada.

⑥ Lakagígar

Esta hilera de 25 km de cráteres (abajo) se formó a causa de la erupción de 1783. La lava y los gases tóxicos arrasaron las granjas de la zona de Kirkjubæjarklaustur, causando hambruna en todo el país (ver p. 116).

RIADAS GLACIARES

Las jökulhlaups (riadas glaciares) se producen cuando el calentamiento geotérmico de los volcanes bajo los casquetes polares disuelve agua suficiente para formar un lago. Si las orillas del lago ceden, el agua sale hacia el exterior con efectos que pueden resultar devastadores. Un único jökulhlaup prehistórico talló el cañón de Jökulsárgljúfur, y en 1996, un episodio de menor fuerza lanzó una explosiva riada desde debajo del Vatnajökull, borrando 7 km de autopista cerca de Skafttafell.

⑨ Jökulsárgljúfur

El nombre de esta parte del Parque Nacional de Vatnajökull significa cañón del río glaciar por los 120 m de profundidad y 500 m de ancho por el que fluye el Jökulsá á Fjöllum, el segundo río más largo de Islandia.

⑩ Dettifoss

Considerada la cascada más potente de Europa (ver p. 97), Dettifoss (abajo) está en medio de un paisaje de roca basáltica. Alimentado por un río que fluye desde el gran casquete de hielo de Vatnajökull, tiene una caída de 45 m que envía nubes de rocío hacia el cielo.

⑦ Fjallsárlón

Aunque más pequeña y menos espectacular que Jökulsárlón, la laguna glaciar Fjallsárlón es muy fotogénica, con sus magníficos icebergs flotantes.

INFORMACIÓN ÚTIL

MAPA F4 ■ Autobuses a Skaftafell desde Reikiavik y Höfn ■ Excursiones a Vatnajökull en todoterreno y moto de nieve desde Höfn ■ www.vjp.is

■ Se accede a Dettifoss a través de la carretera asfaltada 862 (sale de la carretera 1); puede estar cerrada en caso de mal tiempo. En verano, es posible acceder por un camino de grava, el 864. Deta-

lles en www.road.es. Muchas secciones del parque son inaccesibles en invierno y permanecen cerradas.

■ Hvannadalshnjúkur y Lónsöræfi (ver p. 104) solo abren a senderistas expertos.

■ El parque ofrece pocas opciones para comer; asegúrese de llevar comida.

■ El centro de visitantes de Ásbyrgi está en la desembocadura del cañón y alberga una exposición sobre la zona.

TOP 10 ⭐ Parque Nacional de Snæfellsjökull

Fundado en 2001, el Parque Nacional de Snæfellsjökull protege el morro nevado de la península de Snæfellsnes, que se adentra 70 km en el mar de la costa oeste. A unas tres horas en coche de Reikiavik y con un espectacular volcán cónico en el centro, Snæfellsjökull es un lugar impregnado de folclore antiguo, literario y new age, aunque la mayor parte de los que hoy la visitan llegan atraídos por el senderismo o el montañismo. Snæfellsjökull es un espléndido centro para indagar sobre la historia pesquera de la zona o para la observación de aves.

1 Snæfellsjökull
Snæfellsjökull es un casquete polar de 1.445 m de altura que cubre un volcán dormido, que erupcionó por última vez en el año 250. En días claros, el cono blanco del volcán *(abajo)* se ve desde el norte de Reikiavik, alzándose sobre la bahía de Faxaflói.

2 Línea costera
La escarpada costa de la península de Snæfellsnes actúa como barrera entre el duro clima del norte y el por lo general más soleado y seco del sur. A lo largo del año se producen ocasionales tormentas de nieve en las zonas más altas.

3 Djúpalónssandur
Una playa de guijarros cercana a Dritvík *(arriba)*, en la que cuatro rocas –llamadas Inútil, Fuerza Media, Débil y Fuerza total– se empleaban antiguamente para testar la fuerza de los candidatos a embarcar en los pesqueros.

4 Hellnar
Hogar *(izquierda)* de Guðríður Þorbjarnardóttir, una mujer islandesa gran viajera durante la Edad Media, que llegó hasta Groenlandia, Roma y América.

5 Dritvík
A unos 24 km de Hellissandur, esta bahía acogió durante siglos la flota pesquera más activa de la zona. Ideal para hacer una pausa y comprobar cómo han cambiado los tiempos.

6 Observación de aves

En ocasiones se ven águilas marinas de cola blanca *(arriba)* en las proximidades del parque, aunque esta rara especie habita sobre todo en los Fiordos Occidentales. En esta costa habitan otras muchas aves marinas.

9 Ascender el Snæfellsjökull

Los senderistas expertos pueden subir el Snæfellsjökull y disfrutar de las vistas desde su cumbre. También se puede descender la montaña en trineo o esquiando. Ambas actividades, eso sí, deben realizarse con un guía. Infórmese en el centro de información o en la oficina del parque antes de emprender el ascenso.

UN PASEO AL CENTRO DE LA TIERRA

Snæfellsjökull saltó a la fama gracias a la novela de Julio Verne *Viaje al centro de la Tierra*, en la que un profesor alemán y su sobrino descifraban un manuscrito antiguo y seguían sus instrucciones para bajar por el cráter de Snæfellsjökull en un viaje de exploración subterránea. La tradición local siempre consideró estos cráteres como la entrada al infierno y esta creencia hizo que las montañas no se escalasen hasta el siglo XIX.

10 Estatua de Bárður

Una impresionante estatua en piedra fracturada del legendario personaje Bárður Snæfellsás se alza cerca de Arnastapi. Según la leyenda, Bárður fue un antiguo poblador de la zona y su espíritu protector sigue velando por el pueblo de Snæfell.

7 Senderismo por el parque nacional

Desde Hellissandur, varios circuitos circulares exploran los campos de lava y la costa oeste de Snæfellsjökull. Hay playas, salvajes paisajes marinos, aves y focas.

8 Arnarstapi

A los pies de la esquina sureste de Snæfellsjökull, Arnarstapi *(abajo)* es un pueblecito pesquero en el que un arco rocoso conocido como Gatklettur se estrecha hacia el mar. El pueblo sirve como base para explorar el parque.

INFORMACIÓN ÚTIL

MAPA A4 ■ Autobuses desde Reikiavik a Hellissandur: www.bsi.is, www.straeto.is ■ www.ust.is

Oficina principal del Parque Nacional de Snæfellsjökull: Klettsbúð 7, Hellissandur; 436 68 60; www.snaefellsjokull.is; consulte la web para horarios

Centro de información: Malarrif; may-med sep: 10.00-17.00 lu-do, med sep-med may: 10.00-16.00 lu-do

■ Para ascender el Snæfellsjökull es necesario llevar piolet, crampones, ropa impermeable y un guía. Consulte con los empleados del parque la ruta y la meteorología.

■ El café Hellissandur's Gilbakki sirve una sabrosa sopa de pescado.

TOP 10 ⭐ Acantilados de Látrabjarg

Los acantilados de Látrabjarg, hogar de aves marinas, es uno de los lugares más remotos de Islandia. Tradicionalmente una zona de granjas, la región quedó casi despoblada en la década de 1960, abandonando Látrabjarg a los millones de aves marinas que llegan cada verano para criar. Aunque la mayor parte de la gente acude a los acantilados para ver a los carismáticos frailecillos, también merece la pena visitar de camino el Museo de Tradiciones Populares y la increíble playa dorada de Breiðavík, lo último que se esperaría encontrar en esta parte del mundo.

1 Acantilados de Látrabjarg
Los 14 km de longitud y 440 m de alto de los acantilados (abajo) acogen una colosal colonia de millones de aves acuáticas, incluyendo frailecillos, cormoranes, rissas y alcas comunes que crían aquí cada año.

2 Geología
La punta occidental de Islandia alberga las formaciones geológicas más antiguas. Cada uno de los estratos de los acantilados –visibles pese al gran número de aves– refleja un fenómeno volcánico de una época diferente.

3 Nidos en hilera
Las especies anidan a diferente altura, formando hileras de nidos: los frailecillos arriba, luego alcas, fulmares y rissas (abajo), con los araos en las cornisas más escarpadas.

4 Frailecillos
Los residentes más simpáticos de Látrabjarg, los frailecillos (arriba), anidan en lo alto de los acantilados. Estas pequeñas aves tienen patas naranjas y picos multicolores en forma de vela. Aunque son bastante mansos, hay que evitar tocarles o darles de comer.

5 Huevos
Dada su costumbre de ocupar las escarpadas cornisas para anidar, los huevos de los araos suelen ser cónicos, una forma que protege su valioso contenido haciendo que las cáscaras roten sobre su punta en lugar de rodar y caer por el acantilado.

Guano ⑥
En el aire de Látrabjarg sorprende de inmediato el fuerte olor del guano o excremento de ave. La gruesa y esponjosa hierba que crece en lo alto de los acantilados (derecha) existe gracias a siglos de estos fértiles depósitos. Sin ellos, los frailecillos no tendrían un lugar para excavar sus nidos.

EL HUNDIMIENTO DEL SARGON

En diciembre de 1947 el arrastrero británico *Dhoon* se hundió en la costa durante una tormenta. Los vecinos bajaron por los helados acantilados, formaron una cadena hasta el barco y salvaron a los marineros. Al año siguiente, cuando un equipo de rodaje había llegado para realizar un documental sobre lo ocurrido, otro navío británico, el *Sargon*, encalló: la tripulación fue rescatada y el episodio pudo ser grabado en directo.

Historia de Látrabjarg ⑦
Hasta 1926 los acantilados de Látrabjarg fueron el destino de veraneo favorito de los granjeros de la zona, que los escalaban en busca de huevos. En el pasado, los frailecillos se cazaban y comían en gran número, práctica que aún se conserva en las islas meridionales de Vestmannaeyjar (ver p. 110).

Bjargtangar ⑧
El punto más occidental de Europa lo señala la lámpara del faro de Bjargtangar (derecha), una pequeña construcción azotada por los elementos que se asoma desde lo más alto de los verdes acantilados. El faro, cerrado al público, se construyó en 1948 y marca el inicio de los acantilados de Látrabjarg. Las vistas son impresionantes.

INFORMACIÓN ÚTIL

MAPA A2 ▪ Autobús en verano, tres veces por semana, desde Patreksfjörður (consultar web para detalles) ▪ Reservar con antelación: 456 5006; www.wa.is

Centro de información: Museo de Tradiciones Populares Eglis Ólafsson; 456 1511; jun-sep: 10.00-18.00 lu-do

Museo Hnjótur: 456 1569; may-sep: 10.00-18.00 lu-do; fuera de horario, previa cita; www.westfjords.is

▪ La carretera a Látrabjarg es de grava y solo se abre en verano. Compruebe el seguro de su vehículo. Si no tiene experiencia de conducción en estas condiciones, mejor autobús o viaje organizado.

▪ La zona es remota. El lugar más cercano para comer es el hotel de Breiðavík.

Museo de Hnjótur ⑨
A unos 24 km de Látrabjarg, este aislado museo ofrece una introducción a la vida rural de la zona. No se pierda el vídeo del hundimiento del Sargon y la exhibición aeronáutica.

Breiðavík ⑩
Breiðavík, a 15 km de Látrabjarg, tiene una larga y dorada playa (abajo); es una singularidad, ya que la arena suele ser negra, de origen volcánico. En los días de sol, uno casi puede imaginarse en el Mediterráneo.

Zona de Landmannalauga

Landmannalaugar, que significa *los baños de la gente,* es una zona rica en fuentes termales del sur de Islandia, rodeada por un árido paisaje de montañas nevadas, antiguos campos de lava y suaves valles glaciares. Gran parte de su paisaje lo talló el Hekla, el segundo volcán más activo del país. Sus excelentes instalaciones de acampada lo convierten en un estupendo lugar para explorar el agreste interior. Un servicio de autobuses –solo en verano– la conectan con Reikiavik. Desde aquí, también se puede recorrer el magnífico sendero de Laugavegur.

1 Manantiales
Los manantiales emergen en la pradera desde una corriente de lava del siglo XV, que después se mezcló con una corriente más fría. Camine o báñese en este arroyo *(arriba)* hasta que la temperatura del agua aumente y luego siéntese y disfrute del baño.

2 Montañas
Los 945 m de altura del Bláhnúkur lo convierten en el pico más alto alrededor de los manantiales. Una ruta de 1 hora lleva hasta su cima, desde donde se ve el campo de lava medieval y los grises, rosas y naranjas de las colinas de riolita *(derecha).*

3 Ófærufoss
Una bonita cascada doble *(izquierda)* cruzada por lava que fluye desde lo que parece un cráter volcánico *(ver p. 45).* No se acerque a la orilla, el suelo es muy blando.

4 Campamento
El campamento, con zonas de hierba junto al arroyo y campos de gravilla, tiene duchas, baños y una zona para preparar la comida, así como cubos con rocas para asegurar la tienda frente a los vendavales.

5 Laugavegur
Esta larga y gratificante ruta de 56 kilómetros desde Landmannalaugar hasta Þórsmörk recorre llanuras volcánicas, colinas verdes, mesetas cubiertas de nieve y ríos helados. Podrá acampar o usar los refugios que salpican la ruta.

9 Flora
Cerca de los manantiales, las flores contrastan con las oscuras paredes de lava. Se ven armenias marítimas, silene musgo, prunellas *(izquierda)*, tomillo aromático, eriophorum blancos y violetas pinguiculas.

6 Ljótipollur
No deje que su nombre islandés, *charca fea*, le impida visitar este hermoso lago azul en el interior de una brillante depresión de escoria roja.

SENDERISMO EN LAUGAVEGUR

Hacer senderismo en Laugavegur no es difícil, pero hay que ser autosuficiente y estar preparado para cualquier adversidad. Es obligatorio llevar ropa resistente al agua y el frío, botas de montaña, un buen mapa y una brújula, además de comida, ya que no hay tiendas a lo largo del recorrido. Los refugios deben reservarse con antelación. Existen campamentos cada 15 km más o menos y los campistas necesitarán tiendas de campaña resistentes y en buen estado, además de un equipo de cocina.

10 Hrafntinnusker
Hrafntinnusker es un gran arrecife de obsidiana (vidrio volcánico negro) al suroeste de Landmannalaugar. Destacan los afloramientos que rodean el campo de lava de Bláhnúkur, junto con los pequeños guijarros que salpican la zona.

7 Hekla
El volcán Hekla *(abajo)*, que se alza sobre el suroeste de Islandia, entra en erupción cada 10 años. Desde la erupción de 1970, la carretera a Landmannalaugar cruza dunas de ceniza y campos de lava *(ver p. 115)*.

INFORMACIÓN ÚTIL

MAPA D5 ■ Med jun-med sep: lu-do autobuses desde Reikiavik ■ www.landmannalaugar.info

Horario Med jun-fin ago
....
■ Reserve los refugios con antelación en Landmannalaugar y a lo largo del sendero de Laugavegur, con Icelandic Touring Club: www.fi.is

■ Las fuentes termales se saturan en fin de semana y a la llegada del autobús de Reikiavik, hacia las 13.00 y las 15.00. Elija bien el momento de bañarse.

■ En julio y principios de agosto se pueden comprar hamburguesas, refrescos y café en el Fjallabúð Café. No hay más lugares para comer en 50 km.

8 Frostastaðavatn
Poblado de truchas y salvelinos, este lago es un enclave muy apreciado por su pesca. Se puede rodear su orilla en solo 3 horas, un paseo sencillo salvo en el tramo que se extiende sobre la lava.

TOP10 ★ Jökulsárlón

Jökulsárlón es una extensa laguna en la costa sureste, donde la nariz del glaciar Breiðamerkurjökull se hunde en el mar. La laguna se formó después de que el glaciar comenzase a fundirse en la década de 1940 y hoy ofrece un paisaje impresionante, repleto de icebergs desgajados del glaciar. Con una profunda playa de arena negra a la espalda y la enorme estructura blanca de Vatnajökull, el casquete polar más grande de Europa, en el horizonte, Jökulsárlón es un magnífico enclave para estirar las piernas por el largo sendero que separa Vík de Höfn.

La laguna ①
Con unos 5 km de longitud y bastante estrecha, es la laguna más profunda de Islandia *(derecha)*. Por el contrario, el río que sale de ella, el Jökulsá, es el más corto del país.

② La playa
Bloques de hielo traslúcidos y de extrañas formas *(abajo)* –los más pequeños, menguados restos de los icebergs de Jökulsárlón– se mueven, corriente abajo, hacia el mar y quedan varados en la playa de arenas negras, ofreciendo una llamativa imagen.

③ Icebergs
Los icebergs azul pálido crean una exposición natural de esculturas que cambia a medida que se funden y se rompen en pedazos más pequeños que, a veces, logran flotar hacia el mar.

④ Vatnajökull
La laguna es un buen lugar para apreciar la vastedad de Vatnajökull. Breiðamerkurjökull, el glaciar que se extiende 15 km desde el casquete polar hacia la laguna, es una fracción de los gigantescos campos de hielo que se pierden en el horizonte *(ver pp. 24-25)*.

⑤ Vida acuática
Las aguas profundas y frías de Jökulsárlón atraen gran variedad de fauna, incluidos arenques y truchas, que, a su vez, atraen a numerosas focas, fáciles de ver sesteando sobre el hielo *(abajo)*.

⑥ Breiðárlón
Un paisaje similar, pero aún más remoto, es Breiðárlón, a 6 km al oeste por la autopista y luego 3 km al norte por una carretera de grava.

7 Cuevas de hielo

Vatnajokull y Langjokull permiten ver cuevas de hielo, también conocidas como de cristal, que se forman con agua que se filtra a los glaciares a través de fisuras y grietas.

8 Aves

Los amantes de las aves deben ser precavidos con los charranes árticos (arriba) y las voluminosas escúas árticas. Ambas especies atacan a todo aquello que se acerque a sus nidos.

CONSTRUYENDO PUENTES

Construir puentes sobre los numerosos ríos glaciares en constante deshielo que se abren camino hacia el mar a lo largo de toda la costa sur, era una obra de tales dimensiones que la autopista nacional que rodea el país –la Hringvegur– no se terminó hasta 1974. Anteriormente, lugares como Jökulsárlón estaban alejados de las rutas convencionales, ya que la principal carretera entre Skaftafell y Reikiavik era un camino de grava.

INFORMACIÓN ÚTIL

MAPA G5 ▪ Centro de información: 478 2222 ▪ www.vatnajokulsthjodgardur.is ▪ www.icelagoon.is

Horario Abr-nov; llamar con antelación para reservar la excursión en barco, ya que los horarios pueden variar

▪ Los autobuses que viajan a lo largo de la costa sur paran en Jökulsárlón unos 30 minutos, suficiente para visitar la laguna y bajar hasta el mar para ver los espectaculares témpanos de hielo.

▪ La cafetería del centro de información abre de 9.00 a 19.00 todos los días del año. Sirve platos calientes, aperitivos y café a precios económicos. Su especialidad son unos deliciosos gofres y la sopa de pescado.

9 Centro de información

El centro de información de Jökulsárlón (arriba) tiene una cafetería que vende comida rápida y bebidas calientes, además de postales y camisetas. El montículo de enfrente ofrece una estupenda vista de la laguna.

10 Recorrido en barco

Para entrar en el laberinto de icebergs, en contacto directo con el hocico del glaciar, apúntese a la excursión en barco (abajo) en el centro de información. Con un poco de suerte podrá ver a las focas de cerca.

Lo mejor de Islandia

La aurora boreal sobre unas casas
de las afueras de Reikiavik

TOP 10 Hitos históricos

Naddoður descubre Islandia

1 860 d. C.: Exploraciones vikingas

Aproximadamente en esta época, un vikingo llamado Naddoður descubrió una costa deshabitada al noroeste de las islas Feroe. Esta nueva tierra fue posteriormente visitada por el nórdico Flóki Vilgerðarson, quien le dio el nombre de Ísland (tierra de hielo) tras pasar en ella un crudo invierno.

2 870 d. C.: Poblamiento de Reikiavik

Los noruegos Ingólfur Arnarson y Hjörleifur Hróðmarsson se embarcaron con sus familias rumbo a Islandia. Hjörleifur fue asesinado tras instalarse en Hjörleifshöfði. Ingólfur se convirtió en el primer colono permanente y construyó su casa en un lugar al que llamó Reikiavik (ver p. 76).

Estatua de Ingólfur Arnarson

3 930 d. C.: Fundación del Alþing en Þingvellir

Hacia el 930 d. C. ya se había poblado toda la tierra disponible de Islandia y los líderes locales vieron la necesidad de un gobierno nacional. Rechazando la idea de un rey, optaron por una confederación. El Parlamento (Alþing) se convocaba anualmente en Þingvellir, donde se promulgaban las leyes y dirimían las disputas.

4 1000 d. C.: Islandia se convierte al cristianismo

La mayoría de los primeros pobladores de Islandia creían en los dioses nórdicos. Sin embargo, en el s. X, el rey noruego Ólafur Tryggvason amenazó a Islandia con una invasión si no se convertía al cristianismo. En consecuencia, el Alþing del año 1000 adoptó el cristianismo como religión oficial de Islandia.

5 1262: El Pacto Antiguo con Noruega

Durante el siglo XIII, el poder pasó a manos de los ricos terratenientes, que se enfrentaron en una guerra civil. Noruega se postuló como mediador y, en el año 1262, Islandia aceptó la soberanía noruega como estado semiindependiente bajo el conocido como Pacto Antiguo.

6 1397: Dinamarca toma el relevo

La *Reina* Margrete, gobernante de Dinamarca, se hizo con el trono noruego bajo la Unión de Kalmar. Posteriormente, Dinamarca rechazó las demandas de autonomía de Islandia y en 1661 implantó un gobierno absolutista.

7 1550: Islandia se vuelve luterana

El rey de Dinamarca nombró a Gissur Einarsson primer obispo luterano en el año 1542. Como el país adoptó con reservas la nueva fe que se le imponía, el obispo

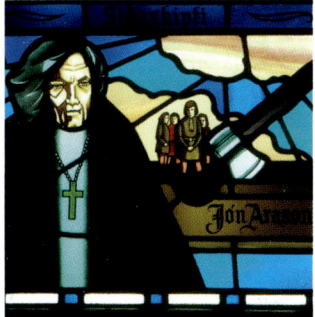

Vidriera con el retrato de Jón Arason

católico de Islandia, Jón Arason, tomó las armas. Fue derrotado en Skálholt y ejecutado el 7 de noviembre de 1550.

(8) 1783: La erupción de Lakagígar

Una gran erupción a lo largo de la línea volcánica de Laki *(ver p. 25)* provocó una lengua de lava que llegó hasta el sur, seguida de una lluvia venenosa que acabó con los cultivos de toda la zona. En los siguientes tres años, la hambruna mató a uno de cada tres islandeses y Dinamarca consideró evacuar la población a Jutlandia.

(9) 1944: Islandia declara la independencia

El nacionalismo surgido a mediados del siglo XIX forzó a Dinamarca a devolver el poder al Alþing en 1874. La invasión nazi de Dinamarca en la Segunda Guerra Mundial anuló su poder sobre Islandia y el 17 de junio el primer presidente del país, Sveinn Björnsson, proclamó la independencia, tras 700 años de gobierno extranjero.

(10) 2000: Auge del turismo

Puede que el rasgo que define a Islandia en este nuevo siglo sea el ascenso meteórico del turismo. Desde 2000, el número de turistas ha superado al de islandeses, y entre 2010 y 2019 se ha multiplicado por seis el número de visitantes.

TOP 10: PERSONAJES HISTÓRICOS

1 Flóki Vilgerðarson
Vikingo que dio nombre a Islandia y que era conocido como Hrafna-Flóki, o Cuervo-Flóki, por sus mascotas aladas.

2 Ingólfur Arnarson
El primer colono oficial de Islandia, que dejó su nativa Noruega tras enfrentarse al conde local.

3 Leifur Eiríksson
Hijo de Eirík el Rojo, Leifur navegó hacia el oeste desde Groenlandia en el año 1000 y llegó a América.

4 Guðríður Þorbjarnardóttir
Tras pasar un invierno en Norteamérica, peregrinó a Roma y se convirtió en la primera monja islandesa.

5 Snorri Sturluson
Historiador y político del s. XIII, autor de la *Saga de Egil (ver p. 84)*, *Heimskringla* y *Edda prosaica*.

6 Jónas Hallgrímsson
Influyente poeta romántico que dio forma al orgullo nacionalista en las primeras décadas del siglo XIX.

7 Jón Sigurðsson
Líder del movimiento de independencia, promovió la autonomía política de Islandia frente a Dinamarca.

8 Hannes Hafsteinn
Primer Ministro del Interior de Islandia desde 1904, que encabezó la modernización y el cambio social.

9 Vigdís Finnbogadóttir
La primera mujer democráticamente elegida como cabeza del Estado. Fue presidenta entre 1980 y 1996.

10 Jóhanna Sigurðardóttir
Fue la primera jefa de gobierno reconocida LGTBIQ+ del mundo. Primera ministra de Islandia entre 2009 y 2013.

Jóhanna Sigurðardóttir

TOP 10 Iglesias

1 **Dómkirkjan**
MAPA L2 ■ Plaza de Austurvöllur, Reikiavik ■ 520 9700 ■ Horario: 10.00-14.00 lu-vi (hasta 12.00 do)

Esta pequeña iglesia luterana neoclásica fue fundada en 1796, al mismo tiempo que Reikiavik, que antes solo era un conjunto de granjas y almacenes que habían comenzado a unirse para formar la primera ciudad de Islandia. Su sobrio interior realza las sencillas y hermosas proporciones del edificio.

Iglesia de Bænahús, Núpsstaður

Catedral de Landakotskkirkja

2 **Landakotskirkja**
MAPA K2 ■ Túngata 13, Reikiavik ■ 552 5388 ■ Horario: 7.30-19.00 lu-do ■ www.catholica.is

La fe católica fue violentamente pisoteada en 1550, por lo que no es sorprendente que esta catedral tan solo se remonte a 1929. Construida por el famoso arquitecto islandés Guðjón Samúelsson, tiene un tejado plano y una estética funcional y sencilla, solo la entrada y las estatuas de la Virgen María y otros santos revelan su confesión.

3 **Bænahús**
MAPA E5 ■ Núpsstaður, cerca de Kirkjubæjarklaustur

Enclavada bajo unos elevados acantilados, Núpsstaður es un conjunto de antiguas granjas con tejado de turba, incluyendo la iglesia de Bænahús, que en el pasado se consideraba la población más remota de Islandia,

pese a su proximidad a la costa. Hasta la década de 1850, los puertos más cercanos eran los distantes Eyrabakki y Djúpivogur, y las mercancías se debían transportar cruzando las tierras altas por carretera.

4 **Grund**
MAPA E3 ■ Grund, Eyjafjörður

Esta iglesia tiene una cúpula de cebolla coronando su torre de madera y los pequeños chapiteles románicos. Aunque fue construido por el comerciante Magnús Sigurðsson en 1905, el edificio ha sufrido varias reformas. Aquí hubo una iglesia desde la Edad Media. Los tesoros de la iglesia incluyen un cáliz del s. XV, ahora en el Museo Nacional de Þjóðminjasafn Íslands *(ver p. 40)*, en Reikiavik.

Iglesia de Grund

5 **Hallgrímskirkja**
De enormes proporciones, alzándose orgullosa sobre Reikiavik, Hallgrímskirkja no es la catedral, pese a ser la iglesia más grande de Islandia *(ver p. 76)*. Diseñada en 1945,

Hallgrímskirkja

la construcción la llevó a cabo una firma familiar de solo dos miembros, prolongándose hasta 1986.

6 Hóladómkirkja

■ MAPA D2 ■ Hólar í Hjaltadal ■ Servicio regular de autobuses ■ 895 9850 ■ Horario: med may-ago: 10.00-18.00 lu-do ■ www.kirkjan.is/holadomkirkja

Sede del segundo obispado de Islandia desde el siglo XII, esta remota catedral se remonta a 1763, aunque algunas esculturas –y los altares mayores– son de varios siglos antes. El obispo Jón Arason, que está enterrado en una pequeña capilla dentro de la torre, fundó aquí la primera imprenta del país en 1530.

7 Skálholtskirkja

■ MAPA C5 ■ Skálholt, Riskupstungur ■ 486 8870 ■ Horario: 9.00-18.00 lu-do; visitas guiadas con cita ■ Se cobra entrada ■ www.skalholt.is

El primer obispado de Islandia desde 1056 hasta 1801, Skáholt se convirtió en un importante centro educativo y durante una época en la población más grande del país. El monumento conmemorativo del exterior está dedicado al último obispo católico de Islandia, Jón Arason, y la tumba del siglo XIII es la del obispo Páll Jónsson. Se celebran conciertos.

8 Þingeyrakirkja

Esta iglesia de piedra del norte de Islandia se alza junto a la sede de la asamblea vikinga y al posible enclave del primer monasterio del país. El altar medieval de alabastro fue tallado en Inglaterra. El techo de la iglesia está pintado de azul y salpicado de cientos de estrellas doradas que crean un increíble efecto (ver p. 98).

9 Víðimýri

■ MAPA D3 ■ Víðimýri, Skagafjörður ■ 453 6173 ■ Horario: jun-ago: 9.00-18.00 lu-do ■ Se cobra entrada ■ www.glaumbaer.is/is/information

Esta pequeña capilla de Víðimýri construida en el siglo XIX, con un bonito interior de madera y tejado de turba, es una de las seis de su estilo que se conservan en Islandia. Destacan sus paredes resistentes al agua, rellenas con capas de tierra, y las delicadas flores que cada verano crecen sobre su tejado.

10 Strandakirkja

■ MAPA C5 ■ Selvogur, cerca de Þorlákshöfn ■ 483 3771 ■ Horario: jun-ago: 9.00-17.00 lu-do; el resto del año solo con cita

Alzándose tras un pueblo costero en la punta de la península de Rykjanes, Strandakirkja es el ejemplo perfecto de iglesia del siglo XIX, pintada en azul pálido y construida sobre una base de bloques de lava. Según la leyenda, fue fundada por unos marineros que lograron llegar a la orilla en este lugar durante una tormenta.

TOP 10 Museos en Reikiavik

1 Listasafn Íslands Galería Nacional

Su colección principal incluye obras de artistas como Ásgrímur Jónsson, al lado de las vanguardistas instalaciones de Krístján Guðmundsson y Hrafnkell Sigurðsson, entre otros. La galería (ver p. 75) muestra obras de grandes maestros, como Picasso o Munch. La cámara Vasulka está dedicada al arte multimedia.

Exposición en Þjóðminjasafn Íslands

2 Þjóðminjasafn Íslands Museo Nacional

Una viaje por la historia y cultura de Islandia. Su exposición permanente –Formación de una nación– muestra cómo se construyó el país. Se pueden ver tumbas vikingas, esculturas religiosas medievales y trajes del siglo XIX, así como objetos contemporáneos. También celebra regularmente exposiciones temporales (ver p. 76).

3 Museo de Arte de Reikiavik

MAPA L2 ▪ Hafnarhús, Tryggvagata 17 ▪ 411 6410 ▪ Horario: 10.00-17.00 vi-mi, 10.00-22.00 ju ▪ Se cobra entrada (menores 18, gratis); jun-ago: visitas guiadas gratis 1 vez por semana ▪ www.listasafnreykjavikur.is
La sección contemporánea de este museo de arte

de Reikiavik con tres sedes se encuentra junto al puerto. Además de albergar un programa de exposiciones muy diverso, guarda las obras del artista islandés Erró, nacido en 1932. Otra sección se centra en la obra de Jóhannes Kjarval (ver p. 76) y la tercera en Ásmundur Sveinsson.

4 Landnámssýningin Exposición del Asentamiento

La pieza principal de este excelente museo subterráneo (ver p. 75) es el muro oval de los cimientos de una casa comunal vikinga, con su capa inferior de ceniza volcánica que se remonta al 871 d.C. Dioramas holográficos y objetos, incluyendo utensilios agrícolas de madera y hachas, retratan su historia. Los cimientos guardan algunos cuernos de sacrificio.

5 Museo de Escultura Einar Jónsson

Las obras de Einar Jónsson, con figuras heroicas formando dramáticas y simbólicas composiciones (ver p. 78), deben mucho al movimiento nacionalista europeo del simbolismo en el arte. Una de las favoritas es una conocida escultura de San Jorge apoyado en su espada, sujetando su escudo y con el dragón enroscado detrás.

Escultura de piedra de Sigurjón Ólafsson

6 Museo de Escultura Sigurjón Ólafsson

Situada sobre una banda costera, esta galería *(ver p. 78)* fue fundada por la viuda del artista. Muestra retratos realistas y modernistas y obras abstractas de Sigurjón, desde las piezas de suaves contornos a las gigantes instalaciones que parecen postes totémicos, realizadas con restos de acero, bronce y madera de deriva.

7 Museo de la Saga

MAPA Q5 ▪ Grandagardi 2 ▪ 511 1517 ▪ Horario: 10.00-18.00 lu-do ▪ Se cobra entrada ▪ www.sagamuseum.is

Este divertido museo muestra los personajes de las sagas islandesas, incluyendo a vikingos como el violento Egil Skallagrímsson, el descubridor de América Leif Eiríksson y el poeta y político Snorri Sturluson, autor de la saga. Los ropajes y construcciones de época están tratados con detalle y realismo, así como los olores y ruidos de la era vikinga

8 Museo al Aire Libre de Árbær

MAPA P6 ▪ Kistuhyl 4, Árbær ▪ 411 6300 ▪ Autobús 5 o 16 desde Hlemmur y Lækjartorg ▪ Horario: junago: 10.00-17.00 lu-do; sep-may: 13.00-17.00 lu-do; visitas guiadas en inglés a las 13.00 ▪ Se cobra entrada ▪ www.reykjavikcitymuseum.is

Una antigua granja convertida en museo al aire libre de viejas construcciones, maquinaria agrícola y objetos de época. La mejor exposición permanente es la casa con techo de turba de finales del siglo XIX. El museo cobra vida cuando se ponen en marcha las máquinas y los animales domésticos merodean por la zona.

9 Museo de Escultura Ásmundur Sveinsson

Parte del Museo de Arte de Reikiavik, este edificio es una atracción en sí mismo. Es un placer pasear por el jardín de esculturas, repleto de obras de Ásmundur sobre temas de la historia y el folklore, tanto de su etapa figurativa como de su etapa abstracta. En el interior se muestran piezas más pequeñas.

10 Museo Marítimo de Reikiavik

MAPA K1 ▪ Grandagarður 8, 101 Reikiavik ▪ 411 6340 ▪ Horario: 10.00-17.00 lu-do ▪ Se cobra entrada ▪ www.reykjavikcitymuseum.is

Este museo en el puerto viejo de Reikiavik intenta transmitir cómo es la vida en el mar. La joya de la exposición es el *Óðinn*, un guardacostas amarrado en el muelle.

El *Óðinn*, Museo Marítimo de Reikiavik

🔟 Otros museos de Islandia

① Centro del Asentamiento de Borgarnes

Este museo *(ver p. 83)* está dividido en dos partes y la entrada incluye una audioguía (en 15 idiomas). El piso

de arriba traza con detalle el poblamiento de Islandia según los manuscritos históricos, desde su descubrimiento por los vikingos hasta el establecimiento del Alþing el 930 d. C. Abajo, la *Saga de Egil* cobra vida a través de grabados sobre los hitos de esta violenta leyenda *(ver p. 84)*.

Talla de la *Saga de Egil*

② Centro de la Emigración Islandesa

MAPA D2 ▪ Hofsós ▪ 453 7935 ▪ Autobuses en verano ▪ Autobuses en verano ▪ Horario: jun-sep: 11.00-18.00 lu-do; oct-may: con cita ▪ Se cobra entrada ▪ www.hofsos.is

Su solitario enclave en la costa norte da idea de lo que sintieron los muchos islandeses que emigraron a Canadá en el siglo XIX, tras una serie de duros inviernos y erupciones volcánicas.

③ Museo Skógar

MAPA D6 ▪ Skógar ▪ 487 8845 ▪ Autobuses desde Reikiavik y Höfn ▪ Horario: jun-ago: 9.00-18.00 lu-do; sep-oct y may: 10.00-17.00 lu-do; nov-abr: 10.00-16.00 lu-do ▪ Se cobra entrada ▪ www.skogasafn.is

La colección de este museo documenta más de 1.000 años de historia. Alberga una colección de más de 18.000 objetos expuestos en tres

Exposición en el Museo de Skógar

espacios: un museo del folclore, un museo al aire libre y un museo técnico. Cuenta con tienda y cafetería.

Museo de la Era de los Arenques

④ Museo de la Era de los Arenques

MAPA D2 ▪ Snorragata 10, Siglufjörður ▪ 467 1604 ▪ Autobuses en verano ▪ Horario: jun-ago: 10.00-18.00 lu-do; may y sep: 13.00-17.00; oct-abr: con cita ▪ Se cobra entrada ▪ www.sild.is

Siglofjörður fue –hasta la extinción de los bancos de arenques en la década de 1960– el puerto más activo de Islandia. Este premiado museo refleja esa época en cinco edificios en los que se muestra cómo era la industria del arenque de la que dependió la economía islandesa buena parte del siglo XX.

⑤ Orka Náttúrinnar Exposición de Energía Geotérmica

MAPA C5 ▪ Planta de Hellisheiði, a 20 min en coche desde Reikiavik hacia Hveragerði por la carretera 1 ▪ Horario: 9.00-17.00 lu-do ▪ Se cobra entrada ▪ www.geothermalexhibition.com

Esta exposición de última tecnología muestra los usos de la

energía geotérmica en Islandia y su potencial como energía limpia y sostenible. Excelentes visitas guiadas y fascinantes exhibiciones interactivas, entre ellas una de la captura de carbono.

6 Museo Marítimo de los Fiordos Occidentales

Ísafjörður se pobló en la década de 1580, convirtiéndose pronto en un activo puerto para la salazón. Este museo, que ocupa un *turnhús* (torre de observación) del siglo XVIII, documenta dicha época. Las fotos reflejan los pocos cambios que ha sufrido la ciudad desde principios del siglo XX.

7 Museo Islandés del Rock & Roll

MAPA B5 ■ **Hjallavegur 2, 260 Reykjanesbær** ■ **420 1030** ■ **Horario: 11.00-18.00 lu-do** ■ **Se cobra entrada (menores de 16 gratis)** ■ **www.rokksafn.is**

Este museo recorre la historia del rock & roll y la música pop en Islandia, con personajes como Sigur Rós o Björk. Los visitantes pueden pedir prestado un iPad para escuchar música o probar instrumentos en el Laboratorio de Sonido. Un muro interactivo de 12 metros muestra una línea de tiempo y la historia de artistas locales.

8 Langabúð

MAPA G4 ■ **Djúpivogur** ■ **478 8220** ■ **Autobuses en verano, entre Höfn y Egilsstaðir** ■ **Horario: jun-sep: 10.00-18.00 lu-do** ■ **Se cobra entrada** ■ **www.langabud.is**

El edificio de madera más antiguo del puerto de Djúpivogur, construido como almacén en la década de 1790, es un centro cultural y museo de tradiciones, además de albergar y exponer la obra del conocido artista local Ríkarður Jónsson (1888-1977), profesor

de dibujo y escultura. Dispone de cafetería que sirve cerveza y tentempiés.

Museo de las Ballenas de Húsavík

9 Museo de las Ballenas de Húsavík

Frente al puerto de Húsavík, del que salen los antiguos balleneros restaurados a las excursiones de avistamiento, el Museo de las Ballenas de Húsavík *(ver p. 96)* muestra vídeos, objetos antiguos y esqueletos de cetáceos. Mejor visitarlo antes de salir al mar en busca de las ballenas reales.

10 Mundo Vikingo

MAPA B5 ■ **Víkingabraut 1, 260 Reykjanesbær** ■ **422 2000** ■ **Horario: 10.00-16.00 lu-do** ■ **Se cobra entrada** ■ **www.vikingworld.is**

Este moderno museo de las afueras de Keflavík alberga el *Íslendingur*, reproducción a tamaño real de un barco vikingo hallado en Noruega hacia 1880. El *Íslendingur* fue construido por Gunnar Marel Eggertsson, que navegó en él hasta Nueva York en el año 2000 para celebrar los mil años de la llegada vikinga a Norteamérica.

TOP 10 Cascadas

Cascadas surgiendo bajo un banco de lava cubierto de hierba, Hraunfossar

1 Hraunfossar y Barnafoss
MAPA C4

Dos cercanas cascadas *(ver p. 83)*, muy diferentes, de fácil acceso desde Borgarnes, en la costa oeste. En Hraunfossar, las aguas azules se precipitan desde un exuberante banco de lava cubierto de musgo y descienden hacia el río, mientras Barnafoss forma un pequeño pero tumultuoso conjunto de rápidos tras haber recorrido un estrecho cañón corriente arriba.

2 Glymur
MAPA C4

La cascada más alta de Islandia, Glymur, cae casi 200 m desde lo alto de una meseta cercana a Hvalfjörður, en la costa oeste. Según la leyenda, una bestia mítica, mitad hombre y mitad ballena, ascendió por la cascada hasta Havalvatn, el lago que hay en lo alto y en el que, de hecho, se han encontrado huesos de ballena.

3 Gullfoss

Esta amplia e impresionante cascada doble *(ver pp. 18-19)* se encuentra en el río Hvítá, a unos 75 km al noreste de Reikiavik. Es uno de los enclaves más visitados de Islandia, junto con los cercanos Geysir y Þingvellir. A principios del siglo XX fue motivo de la primera disputa medioambiental del país.

4 Seljalandsfoss
MAPA D6

Alimentada por el deshielo de las aguas del casquete de Eyjafjallajökull, Seljalandsfoss es estrecha pero no muy alta, y cae con una fuerza sorprendente sobre una pradera de la costa sur. Los más aventureros pueden recorrer el camino tras la cortina de agua. En las cercanías hay varias cascadas más pequeñas.

5 Dettifoss
MAPA F2

La cascada más grande de Europa en términos de volumen *(ver p. 25)*, situada en el Parque Nacional de Jökulsárgljúfur, se escucha a kilómetros de distancia. Su enclave, en el que el río cae 45 m entre los acantilados del cañón Jökulsá, multiplica su vistosidad. Río arriba, la cascada Selfoss tiene 10 m de caída y 70 m de ancho.

6 Skógafoss
MAPA D6

El paseo río arriba hasta esta cascada ofrece una increíble experiencia: a medida que se avanza, la llanura de grava va desapareciendo dentro de las nubes de aerosol, bajo el bramido del agua. Suba la escalera hasta lo alto para disfrutar de la vista de más cascadas y de la costa sur de Islandia.

Cascada de Skógafoss

7 Dynjandi
MAPA B2

Esta cascada en los Fiordos Occidentales, cerca de Hrafnseyri, cae sobre varios niveles de rocas basálticas en un salto de 60 m de ancho y 10 m de altura. El ruido que hace al caer sobre las rocas le ha dado su nombre (el trueno), aunque las vistas del mar tras los valles cubiertos de hierba lo convierten en un hermoso enclave para acampar.

8 Goðafoss
MAPA E2

Entre Akureyri y Mývatn, junto a esta cascada de los Dioses (ver p. 98), Þorgeir Ljósvetningagoði, que encabezó la introducción del cristianismo en Islandia, se deshizo de las estatuas de los dioses nórdicos en el año 1000. Está formada por canales de agua azul que caen en cascada, con senderos entre ellos fáciles de recorrer.

9 Ófærufoss
MAPA E5

Esta cascada (ver p. 30) ruge al caer sobre el cañón de Eldghá, en la carretera a Fjallabak entre Landmannalaugar y Skaftafell. El río corre a lo largo de la cumbre y cae sobre el cañón, excavando un amplio estanque antes de volver a caer, en una cortina más pequeña, sobre la llanura.

10 Aldeyjarfoss

Al final del extremo norte de la carretera de Sprengisandur, que cruza el interior de Islandia, Aldeyjarfoss (ver p. 117) talla una cicatriz a lo largo del campo de lava de Suðurárhraun, mostrando varios estratos de ceniza y roca que se depositaron a lo largo de las sucesivas erupciones. Aunque solo tienen 20 m de alto, estas potentes cascadas dan vida al inhóspito terreno,

Aldeyjarfoss, en el extremo norte de la carretera de Sprengisandur

TOP 10 Volcanes

Nube de cenizas alzándose sobre Eyjafjallajökull

1 Eyjafjallajökull
MAPA D6

En marzo de 2010 se inició la erupción del volcán Eyjafjallajökull, en la ruta de senderismo de Fimmvörðuháls *(ver p. 54)*. Un mes después, cuando empezaba a apagarse, se desató una erupción mucho mayor en el cráter principal del volcán. Del 4 al 20 de abril, una inmensa nube volcánica se extendió sobre amplias zonas de Europa. Muchos países cerraron su espacio aéreo, afectando a miles de pasajeros. El volcán sigue activo, aunque permanentemente controlado por la Oficina Meteorológica nacional.

2 Hekla

Esta gran montaña *(ver p. 31)* ha erupcionado más de una docena de veces desde el poblamiento de Islandia; la más importante sepultó varias granjas vikingas en 1104. La última gran erupción tuvo lugar en 1947, aunque posteriormente se han producido varios incidentes menores. Entre una erupción y otra, los senderistas experimentados pueden pasear por la cima de la montaña.

3 Snæfell sjökull
MAPA A4

Se cree que este estratovolcán *(ver p. 104)* –cuyo cono se ha creado gradualmente con sucesivas erupciones– explotó hacia el 250 d. C., y actualmente está cubierto por el casquete de Snæfellsjökull *(ver pp 26-27)*. Al contrario que el Hekla, cuya cumbre suele estar cubierta de nubes, el inmaculado pico de Snæfell se alza como un faro sobre la costa oeste.

4 Öræfajökull
MAPA F5

El volcán más alto de Islandia se encuentra cerca de Ingólfshöfði. Su terrible explosión en 1362 sepultó casi un tercio de la isla bajo la grava y obligó al abandono de las granjas de toda la costa sur. En 1727, otra erupción causó menos daño, porque pocas personas habían vuelto a poblar la zona.

Lakagígar, sur de Islandia

5 Lakagígar

En 1783 las tierras cercanas a Kirkjubæjarklaustur se abrieron en una profunda fisura que expulsó fuego y cenizas venenosas durante siete meses. Se dice que la propia Kirkjubæjarklaustur se salvó gracias a la actuación del pastor Jón Steingrímsson, que metió a todos los vecinos en la iglesia y rezó por su salvación, lo que detuvo la lava justo en los límites de la iglesia.

6 Eldfell
MAPA C6

La erupción de 1973 del Eldfell, en Heimaey, en las islas Vestman, sepultó un tercio de la ciudad bajo la lava y al resto bajo las cenizas. El puerto se salvó –e incluso mejoró– gracias a que el agua marina entró en el frente de lava que descendía del volcán.

7 Katla
MAPA D6

Este peligroso volcán descansa sepultado bajo el casquete polar de Mýrdalsjökull, cerca de Skógar, en la costa sur. Entra en erupción a intervalos de 70 años. La última vez, en 1918, lanzó una titánica corriente de agua mezclada con grava hacia los valles circundantes. La reciente actividad en la zona, incluyendo terremotos en la calderas, puede ser la señal de una nueva erupción.

8 Grímsvötn
MAPA E4

Uno de los volcanes más activos de Islandia, el Grímsvötn arde a 400 m por debajo del gran casquete polar de Vatnajökull. En 1995, una potente *jökulhlaup* –riada causada por actividad volcánica– corrió por debajo del glaciar Skeiðarárjökull, destruyendo varios puentes. En 2011 se produjo otra erupción.

9 Krafla

Los Incendios de Krafla de 1975-1984, tremenda repetición de los incendios de Mývatn de la década de 1720 *(ver p. 21)*, llegaron en mal momento: retrasaron la finalización de la planta geotérmica de Leirbotn, entonces en construcción, por más de una década. Sin embargo, el fenómeno podría servir para aumentar la potencia prevista de 60 MW.

10 Askja

En 1875, una tubería en la caldera del Askja *(ver p. 21)* explotó y vaporizó 2 km^3 de roca, sepultando las granjas del noreste de Islandia bajo una gruesa capa de piedra pómez y provocando una masiva emigración a Canadá. Aunque el Aska erupcionó por última vez en 1961, forma parte del mismo sistema volcánico que el Bárðabunga, en Holuhraun, que erupcionó en 2014-2015.

El cráter natural Viti en la caldera del Askja

TOP 10 Fuentes termales y géiseres

Aguas geotérmicas en la laguna Azul

1 Laguna Azul

Solo los islandeses pueden transformar los escapes de una planta geotérmica en la principal atracción turística del país (ver pp. 14-15). Lo primero que se ve al llegar es la cabeza de la gente emergiendo de unas lechosas aguas azules, con el rostro cubierto de una fina capa de barro blanco que también se vende como mascarilla de belleza.

2 Piscinas naturales de Mývatn

Este spa rico en minerales utiliza su situación en una humeante cresta volcánica con vistas al lago Mývatn (ver pp. 20-21). El agua de las piscinas naturales de Mývatn es rica en minerales y el vapor proviene de la tierra.

Piscinas naturales de Mývatn

3 Geysir

Actualmente solo un cráter anegado en lo alto de una colina, Geysir (ver pp. 16-17) se convirtió en el punto de referencia de los manantiales termales de todo el mundo (dándoles nombre) hasta que sus conductos de ventilación quedaron obstruidos por los detritos. Quizá el gran terremoto de 2008 haya desatascado alguno; recientes burbujeos y silbidos son los primeros signos de actividad desde hace décadas.

4 Deildartunguhver
MAPA C4

El agua emerge a 97 ºC en el Deildartunguhver, el manantial más grande de Europa, llenando el cielo de vapor en las cercanías del pueblo histórico de Reykholt, al oeste de Islandia. En 2017 se abrieron unas modernas instalaciones de baño, llamadas Krauma. Hay cinco baños geotermales, dos salas de vapor y una zona de relax, además de un excelente restaurante.

5 Landmannalaugar

Popular entre islandeses y entre turistas, Landmannalaugar es la piscina natural más bonita del país –nadie se resiste a remojarse en sus aguas cálidas con las montañas naranjas como telón de fondo–. No existe en todo el interior un lugar tan salvaje y accesible a la vez (ver pp. 30-31).

Erupción del Strokkur

6 Strokkur

Tomando el relevo a Geysir, el Strokkur *(ver p. 16)* es mucho más fiable, ya que erupciona 10 veces cada hora –incluso en su época de mayor actividad, Geyser podía descansar durante varios días–. Strokkur es el géiser activo más grande de Islandia (y el más fotografiado), y llega a alcanzar alturas increíbles.

7 Hengill
MAPA R6

Es una popular zona para practicar senderismo al oeste de Hveragerði *(ver p. 112)*, con manantiales y fumarolas. Muchos de ellos se han desviado como parte de proyectos energéticos y en las cercanías hay plantas geotérmicas y kilómetros de tuberías plateadas que canalizan el agua y la electricidad hasta Reikiavik.

8 Námaskarð

Esta falda que se extiende al este del lago Mývatn, salpicada de rugientes tubos de vapor y estanques de barro de colores, es un ejemplo de la gran fuerza de la naturaleza *(ver p. 21)*. A ello se une su situación, con una llanura anaranjada rica en azufre que cae hacia el sur desde la colina.

9 Hveravellir

Este famoso manantial, en la carretera de Kjölur *(ver p. 115)* que cruza el interior, fue utilizado en el siglo XVII por el forajido Eyvindur para cocinar las ovejas que robaba, hasta que los ganaderos locales le dieron caza. Un estupendo lugar para hacer una pausa en la excursión de 5 horas desde Gullfoss a Akureyri y disfrutar de un chapuzón en las frescas aguas de la piscina del *spa* cercano.

Seltún, en la península de Reykjanes

10 Seltún

En la península de Reykjanes, cerca de Reikiavik, había un buen géiser en Seltún *(ver p. 15)*, en Krýsuvik, hasta que el manantial explotó en 1999, creando un estanque gris. Hay otros manantiales más pequeños en las colinas, con un interesante recorrido de media hora (no se deben abandonar los senderos señalizados).

TOP 10 Lugares para la observación de aves y fauna salvaje

1 Lago Mývatn

Este lago *(ver pp. 20-21)*, el lugar más famoso de la isla para observar vida salvaje, encaja en una excursión a la capital del norte de Islandia, Akureyri, y en la expedición para ver ballenas desde Húsavík. Las aves acuáticas son las estrellas, aunque también es fácil encontrarse con el zorro ártico y el gerifalte.

2 Látrabjarg

La excursión a Látrabjarg *(ver pp. 28-29)*, de camino a los Fiordos Occidentales, exige planificación, pero la vista de estos acantilados cubiertos de inmensas y ruidosas colonias de aves marinas lo merece. Se puede hacer una parada para pasear o tomar el sol en la playa de Breiðavik.

Hornbjarg, en la aislada Hornstrandir

3 Hornbjarg
MAPA B1

Con sus 533 m, Hornbjarg es el acantilado más alto de la aislada y totalmente deshabitada península de Hornstrandir, en el extremo noroeste de los Fiordos Occidentales. Al igual que Látrabjarg, está repleto de fulmares, rissas, alcas tordas y araos. Excursiones guiadas para pasar el día, así como viajes en barco desde Ísafjörður.

4 Dyrhólaey
MAPA D6 ■ Cerrado 19.00-9.00 lu-do

El cabo de Dyrhólaey está cerca de la autopista, entre Skógar y Vík (restricciones para el uso de coches, pero abierto para senderistas). Además de frailecillos y otras aves marinas, destacan sus playas de arena volcánica negra y el enorme arco en el mar, tan grande que permite el paso de un barco.

Escúa, Dyrhólaey

5 Jökulsárlón

Uno de los enclaves más fascinantes del sureste de Islandia, esta profunda laguna glaciar situada entre el mar y el glaciar Breiðamerkurjökull *(ver pp. 32-33)*, es el lugar perfecto para ver focas y orcas. Las llanuras de arena a ambos lados están llenas de charranes árticos y escúas así como de zorros árticos buscando comida.

6 Skjálfandi
MAPA E2

La travesía en verano desde Húsavík hasta la enorme bahía de Skjálfandi es la mejor forma de ver mamíferos marinos. Aunque lo más probable es encontrar focas y delfines, con suerte también surgirá alguna ballena jorobada entre las aguas.

Ballena jorobada en Skjálfandi

Breiðafjörður
MAPA B3

Las aguas de la costa oeste están salpicadas de cientos de islotes y escollos poblados por frailecillos, distintos tipos de cormorán y otras aves marinas. También pueden verse aves más majestuosas, como las poco habituales águilas de cola blanca.

 Garðskagi
MAPA B5

Cercana al aeropuerto internacional de Keflavík, es una pequeña lengua de tierra con vistas a una playa de gravilla en la que encontrará correlimos, arenarias, eideres comunes y otras aves costeras, además de alcatraces atlánticos sobre el mar. El faro de bandas rojas sirvió en el pasado para monitorizar la migración de las aves.

Faro de Garðskagi

Ingólfshöfði
MAPA F5 ■ Excursiones de senderismo: med may-ago: 10.15 y 13.30 lu-sá; tractor desde el aparcamiento de Ingólfshöfði ■ www.fromcoastto mountains.com/ingolfshofdi puffin tour.is ■ Se cobra entrada

El 874 d. C., Ingólfur Arnason –primer poblador de Islandia– desembarcó en este cabo, entre Skaftafell y Jökulsárlón. Frailecillos, escúas y otras aves anidan en verano.

Jökulsá á Dal
MAPA G3

La mezcla de sistemas fluviales y marismas que descienden hacia la costa de los Fiordos Orientales desde los páramos que rodean Snæfell, se convierten en verano en el hogar de gansos, cisnes y todo tipo de aves.

TOP 10: AVES DE ISLANDIA

Perdiz nival

1 Perdiz nival
Famosa por su plumaje invernal de inmaculada blancura. Constituye un plato navideño muy popular en Islandia.

2 Frailecillo
Esta carismática ave excava sus nidos en la hierba de los acantilados islandeses entre mayo y septiembre.

3 Charrán ártico
Una pequeña y simpática ave marina que se lanza sin dudar sobre cualquier cosa que se acerque a su nido.

4 Gerifalte
Un halcón gris y blanco representado en el pasado en el escudo de Islandia y que se encuentra en torno al lago Mývatn.

5 Chorlito dorado
Habitual ave de pastizal cuyo trino, que anuncia la primavera, esperan ansiosamente los islandeses.

6 Cuervo
Este gran cuervo, con un fuerte graznido y vuelo acrobático, es considerado muy inteligente por los islandeses.

7 Bisbita pratense
El pájaro más abundante de la isla y el de trino más dulce, también es de los más difíciles de ver.

8 Águila de cola blanca
En el pasado perseguido por los granjeros por considerarlo una plaga, actualmente solo quedan unos 80 ejemplares en el noroeste.

9 Eider común
Este pato famoso por su suave y cálido plumón es muy común en toda la costa y en los lagos del interior.

10 Pato arlequín
Este pato marino destaca por su plumaje azul y rojo. Anida entre mayo y julio cerca de los ríos de aguas rápidas.

TOP 10 **Actividades al aire libre**

Circuito Senderista de Laugavegur

① Senderismo
Organizaciones de senderismo:
www.fi.is; www.utivist.is;
www.mountainguides.is
Nada acerca tanto al crudo paisaje de Islandia como recorrerlo a pie, siguiendo circuitos señalizados con recorridos que duran desde una hora a una semana. Los más atractivos se encuentran en Landmannalaugar, a lo largo de los senderos volcánicos, y en Skatafell y Þórsmörk, donde se pueden cruzar praderas cubiertas de hierba y flores silvestres, campos de lava, desiertos de arena negra y capas de hielo.

② Nadar
Casi cada ciudad de Islandia cuenta con una piscina geotérmica al aire libre a un mínimo de 28 ºC, casi siempre acompañadas de *calderas* a 34-38 ºC y en ocasiones de saunas y toboganes de agua.

③ Descenso de ríos
www.arcticrafting.is
Lo que a los ríos islandeses les falta en tamaño, lo suplen con creces en espectacularidad. Fluyen con fuerza a través de estrechas gargantas volcánicas formando rápidos. En el tercer río más largo de Islandia, el Hvítá, se puede hacer rafting. Las excursiones parten de cerca de la cascada de Gullfoss.

④ Pesca
www.anglers.is
En Islandia la pesca deportiva en alta mar aún está en pañales y se practica sobre todo la pesca con mosca de trucha, salmón y salvelino. Se necesita permiso: los de trucha y salvelino se adquieren sobre la marcha, pero para el salmón se exige antelación.

⑤ Motos de nieve
www.glacierjeeps.is
Pasear en moto de nieve es una forma cara pero divertida de recorrer los campos nevados y los glaciares a 40 km/h. El mejor enclave para hacerlo es el glaciar Skálafellsjökullk, en el parque natural de Vatnajökull.

⑥ Paseos a caballo
Centros de equitación: www.eldhestar.is; www.ishestar.is
Los caballos típicos islandeses llegaron con los vikingos. Aunque son pequeños y resistentes, tienen un paso suave muy particular, llamado *the tölt,* perfecto para desplazarse suavemente sobre el duro terreno islandés. Muchas granjas y escuelas de equitación ofrecen excursiones.

⑦ Excursión en todoterreno
www.glacierjeeps.is
El interior –con campos de lava, gigantescos casquetes polares y llanuras de grava cruzadas por ríos glaciares– solo se puede recorrer en todoterreno. Muchos operadores ofrecen recorridos por este paisaje remoto.

Un todoterreno atravesando un río

8 Esquí y snowboard
www.skidasvaedi.is

Existen estaciones de invierno para practicar el esquí y el snowboard cerca de Reikiavik, Akureyri, Hlíðarfjall y en los Fiordos Occidentales, con albergues de montaña, telesillas y diferentes pistas señalizadas. Las más accesibles son Bláfjöll, a la afueras de Reikiavik, y las populares pistas veraniegas al oeste de Snæfellsjökull, así como la zona que rodea Mývatn para practicar el esquí de fondo.

Islandia dispone de numerosos lugares para esquiar

9 Buceo
MAPA C5 ▪ www.dive.is; www.diveiceland.com

Islandia tiene varias zonas de buceo, las más populares son Silfra y otros enclaves cerca de Þingvallavatn. Sus aguas cristalinas y sus formaciones de lava hacen de Silfra uno de los mejores enclaves de agua dulce del mundo.

10 Contemplar la aurora boreal
Museo: http://aurorareykjavik.is

La aurora boreal está formada por partículas solares que, a su paso por las capas altas de la atmósfera, forman brillantes bandas de colores. Luce al máximo en las noches frías y en lugares sin contaminación lumínica. La mejor época para verla es entre noviembre y febrero.

TOP 10: LUGARES PARA BAÑARSE Y NADAR

Bañándose en la laguna Azul

1 Laguna Azul
Surrealistas aguas azules, vapor y rocas de lava negra caracterizan este importante centro termal *(ver pp. 14-15)*.

2 Laugardalur
La mejor piscina pública de Reikiavik, que inlcuye una piscina de juegos infantiles y una sauna *(ver p. 77)*.

3 Borgarnes
MAPA B4 ▪ Horario: 7.00-21.00 lu-vi, 9.00-18.00 sá-do ▪ Se cobra entrada
La piscina natural de Borgarnes ofrece excepcionales vistas desde el agua.

4 Landmannalaugar
Unos manantiales naturales rodeados de muros de lava y de montañas grises y azules de riolita *(ver pp. 30-31)*.

5 Piscinas naturales de Mývatn
Es la réplica de Mývatn a la laguna Azul, sobre una elevada ladera y rodeada de un activo paisaje volcánico *(ver p. 21)*.

6 Selárdalslaug
MAPA G2 ▪ Horario: 10.00-22.00 lu-do
Una pequeña piscina natural pública cerca de Vopnafjörður, junto a las rápidas aguas verdes del río Selá.

7 Krossneslaug
Un bello manantial con piscina; al norte, cerca de Norðurfjördur *(ver p. 91)*.

8 Hofsós
El agua de esta piscina natural *(ver p. 98)* junto a la costa parece fundirse con el océano.

9 Grettislaug
En esta remota poza de agua caliente del noroeste era donde solía bañarse el forajido vikingo Grettir *(ver p. 95)*.

10 Laugarvatn
MAPA C5 ▪ Horario: 10.00-21.00 lu-vi, 10.00-18.00 sá-do ▪ Se cobra entrada
Una inmensa piscina natural al aire libre en la Escuela Nacional de Deportes, cerca de Geysir.

TOP10 **Rutas de senderismo**

Vista del circuito costero desde Arnastapa hasta Hellnar

1 De Arnarstapi a Hellnar
MAPA A4

Este corto paseo costero entre dos pequeños pueblos ofrece unos estupendos paisajes marinos y vistas del cono blanco de Snæfellsjökull *(ver p. 26)*. Por el camino, trate de encontrar la estatua de Bárður Snæefellsás y a los charranes árticos.

2 Esja
MAPA Q5

Los 914 m de altura de la meseta de Esja se alzan sobre la bahía norte de Reikiavik. Sus laderas cubiertas de nieve parecen mutar con el cambio de luz, con tonos que van del marrón profundo al azul pálido. El paseo de vuelta desde la estación forestal de Mógilsá dura unas 4 horas.

3 Fimmvörðuháls
MAPA D6 ▪ Autobuses en verano a Skógar y Þórsmörk ▪ Circuito abierto med jun-sep ▪ www.fi.is

Se puede realizar el recorrido nocturno desde Skógar a Þórsmörk *(ver p. 26)* por separado o como prolonga-

Circuito de Fimmvörðuháls, Skógar

ción del circuito de Laugavegur. Desde Skógar, suba los escalones hasta lo alto de la cascada y siga río arriba para pasar entre los casquetes de Eyjafjallajökull *(ver p. 46)* y Mýrdalsjökull, antes de bajar a Þorsmörk.

4 Þingvellir

El valle cubierto de musgo de Þingvellir *(ver pp. 12-13)* está cruzado por circuitos sencillos, de 1 a 3 horas de duración. Siga los senderos señalizados, ya que los ríos de lava cubiertos de vegetación pueden esconder profundas grietas. Buenas vistas del valle desde la granja abandonada de Skógarkot.

5 Svartifoss

Svartifoss (cascada Negra), la atracción más bonita de Skaftafell, se halla en un sendero fácil de recorrer, sobre la meseta de Skaftafell. Desde el aparcamiento cercano a la pensión de Bölti, seguir las señalizaciones durante 10 minutos hasta la cascada, que cae sobre un gran barranco de 30 m de profundidad *(ver p. 25)*.

6 Ásbyrgi

La cima de este enorme acantilado curvilíneo es un estupendo punto para admirar la parte norte del Parque Nacional de Jökulsárglúfur. Desde la oficina central del parque, seguir el sendero durante 5 km hasta lo alto de Ásbyrgi *(ver p. 24)*.

(7) Parque Heiðmörk
MAPA Q6
28 km² de lava, bosques y lugares para pícnic a las afueras de Reikiavik, con serpenteantes circuitos fáciles de recorrer. El circuito de 3 horas por el cercano lago de Elliðavatn permite disfrutar de la flora islandesa.

(8) Reykjadalur
Las humeantes colinas y valles que se extienden al norte de Hveragerði (ver p. 112) constituyen una estupenda excursión de medio día desde la ciudad, con manantiales por el camino (lleve una toalla). Conviene seguir el camino señalizado para evitar fumarolas ocultas, y estar preparado para cruzar áreas pantanosas y ríos.

Fumarolas, Reykjadalur

(9) Laugavegur
Este circuito de 4 días (ver p. 30) sale de Landmannalaugar, pasa junto a manantiales y montañas de obsidiana, llega a la meseta de Hrafntinnusker y desciende al verde valle cerca de Álftaavatn. Tras cruzar ríos, un desierto de grava gris a los pies del casquete de Mýrdalsjökull y los cañones de Markarfljót, el recorrido finaliza en el bosque de Þórsmörk.

(10) Þórsmörk
Este bonito valle de las Tierras Altas (ver p. 116), con un sinuoso río glaciar, se extiende bajo el Mýrdalsjökull. No todos sus recorridos están señalizados, por lo que conviene llevar un mapa. Hay muchos sitios para acampar y preparar comida, y en verano pasan autobuses a diario.

TOP 10: FLORES SILVESTRES DE ISLANDIA

El perenne Silene musgo

1 Silene musgo (Lambagras)
Esponjosas matas de estas flores rojas o moradas brillan sobre las laderas de roca.

2 Dryas octopetala (Holtasóley)
La flor nacional de Islandia, cuyas pequeñas hojas y pétalos de centro amarillo crecen hasta los 7 cm.

3 Chamerion latifolium (Eyrarrós)
Planta de floración tardía con unos distintivos pétalos rojos, simétricos y puntiagudos, y hojas alargadas.

4 Pensamiento salvaje (Prenningarfjóla)
Una bonita planta de pétalos amarillos y violetas. Muy extendida en Islandia, es especialmente abundante en junio.

5 Silene vulgaris (Holurt)
Esta flor blanca se encuentra en pequeños grupos y muestra un saco rosa-lila tras los pétalos.

6 Serpol (Blóðberg)
Una diminuta planta que se ramifica sobre el suelo, con flores rojas o púrpura y un distintivo olor a tomillo.

7 Geranium sylvaticum (Blágresi)
Muy común, con hoja similar a la del geranio y flor púrpura de 5 pétalos. Se da en cumbres boscosas y alcanza los 30 cm.

8 Pinguicula (Lyfjagras)
Solitaria planta que crece a ras de tierra con flores azules y hojas cruciformes.

9 Platanthera hyperborea (Friggjargras)
Hay que fijarse bien para encontrar sus hojas puntiagudas y sus pequeñas flores blancas escondidas entre la hierba.

10 Saxifraga oppositifolia (Vetrarblóm)
Esta flor temprana, muy extendida, se ramifica sobre el suelo y muestra unas florecillas rosadas.

Páginas siguientes Interior del Harpa, sala de conciertos y centro de conferencias de Reikiavik

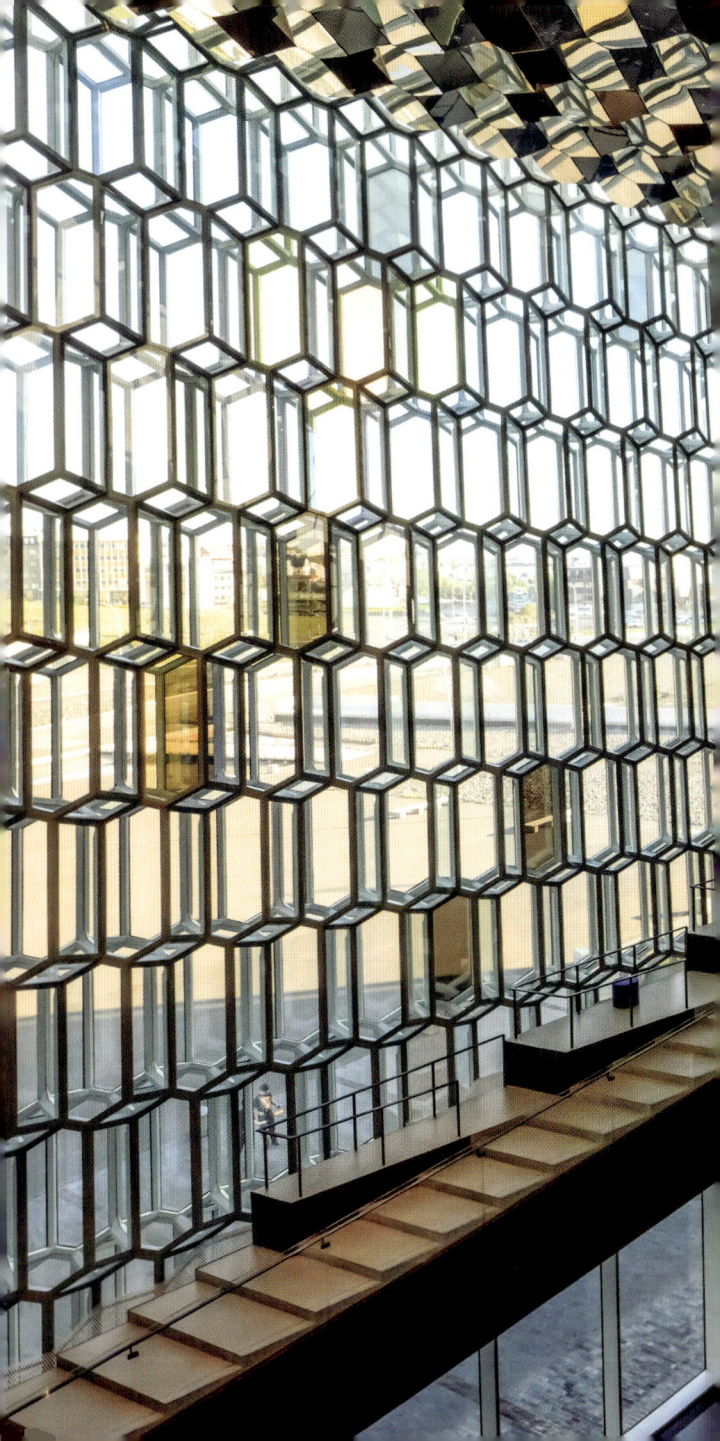

🔟 **Islandia para niños**

Piscinas de agua caliente al aire libre

1 Nadar
Las piscinas son un lugar ideal para que los niños quemen todas sus energías, sobre todo después de un largo viaje en coche. Prácticamente todas las ciudades de Islandia tienen una piscina de agua caliente, que son una cómoda opción. Aunque muchas de ellas se encuentran al aire libre, resultan especialmente divertidas en invierno, cuando cae la nieve.

2 Visitar museos
Los museos islandeses más apetecibles para los niños son el Museo al Aire Libre de Árbær (ver p. 41); el Centro de la Saga de Hvolsvöllur, lleno de espadas y dioramas (ver p. 112); el Centro del Asentamiento de Borgarnes (ver p. 42), que muestra espeluznantes

Niños en el Museo al Aire Libre de Árbær

recreaciones de la Saga de Egil (ver p. 84); el Museo de las Ballenas de Húsavík (ver p. 43), con sus esqueletos y exposiciones de mamíferos marinos y el Museo Perlan (ver p. 77) que muestra el poder de la naturaleza.

3 Avistar aves en Tjörnin
En Reikiavik, diríjase al lago de Tjörnin, en el centro de la ciudad (ver p. 78) para ver cisnes, gansos, azulones y demás aves. En junio y julio también hay patos, pero tenga en cuenta que está prohibido alimentar a las aves.

4 Comerse un perrito caliente
MAPA L2 ▪ Tryggvagata, 101 Reikiavik
Tomarse un pylsur (perrito caliente) en la camioneta de la cadena Bæjarins Beztu, en el centro de Reikiavik (hay otros cuatro puestos en la ciudad), es todo un rito entre los jóvenes islandeses, que forman largas colas alrededor de este puesto móvil. La razón: sus perritos están riquísimos, aunque tal vez prefiera quitarles la cebolla.

5 Visitar el puerto de Reikiavik
MAPA K1
Reikiavik cuenta con un activo puerto, con pesqueros de colores y arrastreros que entran y salen a navegar a diario o son remolcados para su reparación. En sus aguas también pueden verse medusas. Hágase con algo de comida en la cercana Geirsgata, en Sægreifinn (ver p. 65), una bonita cabaña marinera especializada en marisco.

6 Pasear a caballo
Los pequeños y robustos caballos islandeses son muy dóciles y por ello una buena opción para los niños y los principiantes. La mayoría de las escuelas de equitación tienen programas para niños, con horarios y recorridos flexibles (ver p. 52).

(7) Pícnic en los Jardines Botánicos de Reikiavik

Los jardines botánicos son ideales para hace un pícnic cerca de Reikiavik (ver p. 77). El jardín tiene más de 5.000 plantas, divididas en varias zonas que incluyen flora islandesa, especies perennes foráneas y una rosaleda. Hay un montón de praderas, patos y gansos y –al menos en verano– mantos de flores silvestres.

(8) Excursión para ver las ballenas

En Islandia hay muchas posibilidades de ver ballenas jorobadas, rorcuales, orcas, cachalotes e incluso la huidiza ballena azul. Húsavík (ver p. 96) es el mejor lugar para avistarlas.

(9) Salir en busca de troles

Los troles son esos aterradores gigantes que, según el folklore nacional, habitan en Islandia. Cuando les da el sol se convierten en piedra y se pueden ver sus formas petrificadas en campos de lava, riscos y acantilados.

Restos de un pecio en Reykjanes

(10) Ir a la playa

Las playas islandesas están llenas de desechos traídos por el mar, desde plumas de ave y guijarros de curiosas formas a restos de barcos, troncos (que llegan de Siberia) y –con suerte– huesos de ballena.

TOP 10: LEYENDAS ISLANDESAS

Estatua de Sæmundur el Sabio

1 Sæmundur el Sabio
Fundador en el siglo XI de una escuela religiosa, se enfrentó y venció al Diablo en varias ocasiones.

2 El tesoro vikingo de Skógafoss
Según la leyenda, el vikingo Þrasi Þórólfsson escondió su botín de oro en una cueva tras la cascada de Skógafoss (ver p. 45).

3 La bestia de Hvalfjörður
Esta malvada ballena de cabeza roja aterrorizó la costa oeste de Islandia hasta que fue capturada en una trampa.

4 Ormurinn, la serpiente de Lagarfljót
Versión islandesa del monstruo del lago Ness, se dice que habitaba el lago Lagarfljót, cerca de Egilsstaðir, al este del país.

5 Bergþór
Un amable gigante que habitó en Bláfell, cerca de Geysir, y murió hacia el año 1000.

6 El pastor enamorado
Un cuento muy popular sobre un joven que cruzó el río Hvítá para declararse a una pastora.

7 Eyvindur y Halla
El forajido medieval más famoso de Islandia escapó de la justicia junto con su esposa Halla durante 20 años.

8 Origen de las cataratas de Öxará
Se dice que estas cascadas se formaron hacia el 930 d. C., cuando se desvió el río Öxará, en Þingvellir.

9 Leyenda de las focas
Se dice que algunas focas adoptan forma humana, sobre todo las que nadan cerca de la orilla.

10 Snorri
El astuto ladrón Snorri logró huir ocultándose en una cueva en Þorsmörk –cerca de la parada de autobuses–.

TOP 10 Vida nocturna

Varias personas bebiendo en Prikið

① Prikið
Un *diner* estilo años 50, además de bar, que ofrece clásicos como batidos, tortitas y hamburguesas. Durante el día es el lugar perfecto para ver pasar gente, al encontrarse en la avenida comercial más importante de la ciudad, mientras por la noche se transforma en un animado local de hip-hop, con DJ, música en directo y una rebosante pista de baile *(ver p. 80)*.

② Kiki
MAPA M3 ▪ Laugavegur 22 ▪ Horario: 21.00-1.00 mi, ju y do (hasta 4.30 vi y sá) ▪ www.kiki.is
El primer (y único) local dedicado a la comunidad LGTBIQ+ de Reikiavik está decorado con arcoíris por dentro y por fuera y sirve cócteles con nombres llamativos. Ofrece actuaciones de DJ (normalmente pop) y de drags, además de karaoke y conciertos en directo.

③ Lebowski Bar
MAPA M2 ▪ Laugavegur 20a, 101 Reikiavik ▪ 552 2300 ▪ Horario: 11.00-1.00 do-ju, (hasta 4.30 vi y sá) ▪ www.lebowskibar.is
Los fans del filme *El Gran Lebowski* disfrutarán en este bar con aire de bolera, con ricas hamburguesas y

24 variedades del cóctel ruso blanco. Juegue a la rueda de la fortuna para ganar una bebida. Concurso sobre cine los jueves (desde las 21.00) y DJ en directo cada noche.

④ Café Rósenberg
MAPA M2 ▪ Vesturgata 3 ▪ 546 1842 ▪ Horario: 11.00-22.00 lu-do
Este local de acogedora decoración es una de las salas de conciertos más populares de la ciudad. Ofrece jazz, rock, blues y pop, además de otros actos como noches de poesía.

⑤ Gaukurinn
MAPA L2 ▪ Tryggvagata 22 ▪ 958 0212 ▪ Horario: 14.00-1.00 do-ju (hasta 3.00 vi y sá) ▪ www.gaukurinn.is
Este bar sin pretensiones, afín a la comunidad LGTBIQ+, ofrece una saludable mezcla de música islandesa e internacional en directo, con énfasis en el rock y el metal, así como noches de karaoke y comedia, espectáculos de drags, concursos y poesía. Hay cocina vegana.

Cóctel ruso blanco

⑥ Bravó
MAPA M3 ▪ Laugavegur 22, 101 Reikiavik ▪ 580 8020 ▪ Horario: 11.00-1.00 do-ma (hasta 4.30 vi y sá)
El discreto Bravó, situado en el mismo edificio que Kiki, es un lugar popular

entre los jóvenes de Reikiavik. Es un bar íntimo que se va llenando de gente a medida que avanza la noche y suenan los DJ locales. La hora feliz puede empezar a las 11.00.

⑦ Kaldi
MAPA M3
▪ **Laugavegur 20b, 101 Reikiavik** ▪ **581 2200**
▪ **Horario: 12.00-1.00 do-ju (hasta 3.00 vi y sá)**
Simpático café de día y alegre cervecería por la noche, este acogedor local es una filial de la fábrica de cerveza local Kaldi, famosa por sus cervezas de tipo checo. Además de las suyas, se pueden degustar cervezas artesanas internacionales y refrescos, y disfrutar de su pequeña carta de comidas en uno de sus cómodos sofás.

⑧ Paloma
MAPA L2 ▪ **Naustin 1–3, 101 Reikiavik** ▪ **Horario: 20.00-1.00 do-ju (hasta 4:30 vi y sá)**
No se asuste del tamaño del Paloma, reúne varios locales dentro del mismo edificio. El Dubliner es un acogedor *pub* de estilo vikingo, con vigas vistas y un bar con forma de bote. La sala del piso de arriba ofrece música reggae, electrónica y pop, mientras su sótano tiene un aire de fiesta universitaria. El camarero traslada las peticiones de canciones.

⑨ Slippbarinn
MAPA K1 ▪ **Mýrargata 2, 101 Reikiavik** ▪ **560 8080** ▪ **Horario: 11 30-24.00 lu-mi (hasta 1.00 ju-sá)**
▪ **www.slippbarinn.is**
La impresionante carta de cócteles de este bar cambia con regularidad, pero las vistas del puerto siguen siendo mágicas. Situado en el hotel Reykjavík Marina, Slippbarinn ofrece música islandesa en vivo, además de exposiciones de arte y

actuaciones espontáneas de todo tipo. *Brunch* en fin de semana y hora feliz de 15.00 a 18.00 a diario.

⑩ Kaffibarinn
MAPA L3 ▪ **Bergstaðastræti 1, 101 Reikiavik** ▪ **551 1588** ▪ **Horario: 15.00-1.00 lu-vi, 15.00-4.30 sá-do**
▪ **www.kaffibarinn.is**
Su exterior de chapa ondulada roja, justo al lado de la principal zona comercial de Reikiavik, esconde un íntimo interior de mesas iluminadas por velas y discreta decoración. Uno de los bares más antiguos de la ciudad, es un lugar de moda muy popular donde quedar a tomarse la primera cerveza de la noche. Hay DJ los fines de semana y, en ocasiones, música en directo.

El distintivo exterior de Kaffibarinn

ᴛᴏᴘ10 Restaurantes elegantes

Innovación y diseño en el restaurante Holt

① ÓX
Dirigido por el premiado chef Thrain Freyr Vigfusson, este exclusivo restaurante *(ver p. 81)* abrió sus puertas en 2018 como un anexo al restaurante Sumac. Su éxito ha ido en aumento, gracias a su innovador menú degustación, excelentes vinos, cervezas artesanas y licores de la zona. Solo tiene espacio para 11 comensales, así que hay que reservar.

② Pakkhús
Este estupendo restaurante está situado en la pequeña ciudad portuaria de Höfn, se ha hecho famosa por su marisco, en especial la langosta. Este estupendo restaurante *(ver p. 105)*, en un viejo almacén de madera al borde del agua. El entorno es ideal para degustar su plato estrella, unos langostinos a la plancha. No admite reservas, así que vaya pronto.

③ Rub23
Rub23 *(ver p. 81)* sirve buena carne y marisco, aunque se le conoce por su fresquísimo y delicioso sushi: pruebe la tempura de langosta, el surimi de cangrejo y el *nori maki* de salvelino. También ofrece servicio a domicilio.

④ Restaurante Holt
Ubicado en el hotel Holt, este agradable e íntimo restaurante *(ver p. 81)* está lleno de pinturas originales de maestros islandeses. Ofrece cocina europea moderna con un toque islandés de temporada. Selectos vinos internacionales y servicio atento. Conviene reservar.

⑤ Fiskmarkaðurinn
El *Mercado de Pescado* es un restaurante nórdico *(ver p. 81)* con influencias de la cocina japonesa. Utiliza producto local, su sushi es extraordinario y cuenta con un menú degustación a buen precio.

Plato de bacalao en Fiskmarkaðurinn

6 Grillmarkaðurinn
Sus premiados chefs (ver p. 81) trabajan con granjas y productores orgánicos para ofrecer deliciosos platos de temporada siempre frescos. Pruebe su riquísimo bacalao salteado con puré de manzana y la ensalada de langostinos. Sirven también un rico solomillo de ternera.

7 VOX
Este restaurante gourmet (ver p. 81), con interiores elegantes y ambiente cálido, encabeza la tendencia de usar productos locales frescos. La tentadora carta mezcla platos internacionales con cocina islandesa moderna. El restaurante también cuenta con una amplia carta de vinos.

8 Tjöruhúsið
Este largo granero de techos bajos situado en el puerto de Ísafjörður (ver p. 93), con sus largos bancos de madera, conserva algo de vikingo, aunque no hay nada salvaje en su marisco. Ofrece pescado y marisco del día, unas sabrosas y cremosas sopas para entrar en calor y unas generosas porciones de pescado salteado.

9 Sjávargrillið
Excelente marisco en el centro de la ciudad es lo que ofrece este acogedor restaurante (ver p. 81). Además de especialidades tradicionales islandesas como el bacalao salteado, el cuscús y el skyr, también dispone de una gran variedad de menús del día.

10 Fjöruborðið
Famoso por sus sopas y platos de langostinos, este restaurante (ver p. 113) ocupa un antiguo edificio de madera en Stokkseyri, a 45 minutos en coche de Reikiavik. Su menú, así como sus precios, cambia regularmente. Es mejor consultar su página web o llamar para obtener información actualizada.

TOP 10: PLATOS ISLANDESES

Salvelino a la parrilla

1 Salvelino
Este pescado de agua dulce tiene un delicado sabor. Los mejores son los que proceden de Þingvallavatn y Mývatn.

2 Langosta/langostinos
Magníficos y en abundancia, se suelen servir solo las colas con mantequilla y, a veces, aderezados con ajo o crema.

3 Salmón
El salmón salvaje del Atlántico es compacto y sabroso. Por lo general se come ahumado o marinado con hierbas y servido como gravlax.

4 Caviar
El caviar que se consume en Islandia viene del capelán y del lumpo, no del clásico esturión, pero es igual de delicioso.

5 Bacalao
Por lo general se consume como aperitivo en su forma seca y chiclosa –harðfiskur–, aunque también se cocina fresco o se usa en sopas.

6 Hákari
Este tiburón de Groenlandia, de sabor muy fuerte se fermenta en arena durante 6 meses para anular sus toxinas.

7 Brennivín
Vodka islandés, aromatizado con comino, que recibe el apodo de muerte negra. A consumir con moderación.

8 Skyr
Parecido al yogur, se encuentra en los supermercados en variedad de sabores.

9 Cordero
Es el pilar de la cocina islandesa. Se come fresco, ahumado, en salchichas o conservado en suero de leche.

10 Perdiz nival
Esta regordeta perdiz es la sustituta del pavo en las comidas típicas de Navidad.

TOP 10 Restaurantes económicos en Reikiavik

1 Bæjarins Beztu Pylsur
MAPA L2 ▪ Tryggvagata ▪ www.bbp.is ▪ Ⓚ

Esta institución de Reikiavik es popular entre los islandeses desde 1937. Podrá encontrar su carrito aparcado cerca del paseo costero y cualquiera que visite la ciudad debe probar sus *pylsur* (perritos calientes). El precio incluye una reluciente salchicha roja en un panecillo, cubierta por crujiente cebolla frita, kétchup, mostaza y un chorrito de salsa *remoulade*.

2 Café Garðurinn
MAPA M2 ▪ Klapparstígur 37 ▪ 561 2345 ▪ Cerrado noche y do ▪ www.kaffigardurinn.is ▪ Ⓚ

Este café vegetariano, con opciones veganas y sin gluten, tiene un menú fijo que cambia cada semana. Sus combinaciones son originales y deliciosas. Ofrece flanes, estofados y pastas, aunque su fuerte son sus sopas (con pan), tartas y pasteles. El plato del día es buena opción. También sirven estupendo café y tartas.

3 Jómfrúin
MAPA L2 ▪ Lækjargata 4 ▪ 551 0100 ▪ www.jomfruin.is ▪ Ⓚ

Definir este lugar como tienda de sándwiches daneses no le hace justi-

Jómfrúin, Reikiavik

cia: su estupendo *smørrebrød* (sándwich abierto) permite elegir entre una selección de gambas, arenque, cordero ahumado, queso y mil ingredientes más, servidos sobre una gruesa rebanada de pan de centeno. Asegúrese de incluir la platija como guarnición para su *smørrebrød*.

4 Saegreifinn (Sea Baron)
MAPA K1 ▪ Geirsgata 8 ▪ 553 1500 ▪ www.saegreifinn.is ▪ Ⓚ

Conocido local de marisco junto al puerto, este restaurante tiene una agradable sala decorada con paneles de madera y artículos náuticos. El menú ofrece excelentes platos de marisco, como la suave sopa de langosta. Sirve platos vegetarianos y postres con *skyr*.

Comensales disfrutando en Saegreifinn

⑤ Lobster Hut
MAPA L2 ▪ **Esquina de Hverfisgata y Lækjargata** ▪ **772 1709** ▪ **Cerrado a mediodía y cuando hace mal tiempo** ▪ Ⓚ Ⓚ

Una de las pocas opciones para comer en la calle en Reikiavik, este *food truck* sirve la típica *humarsúpa* (sopa de langosta) y sándwiches de langosta. La langosta islandesa es en realidad un langostino grande, de sabor similar a la langosta de roca. Sus generosas porciones salen directamente de la parrilla al consumidor.

⑥ Tommi's Burger Joint
MAPA P5 ▪ **Geirsgata 1** ▪ **511 0800** ▪ Ⓚ

Inaugurado en 1981, este local tipo *diner* sirve una de las mejores hamburguesas de la ciudad, con carne fresca y panecillos recién hechos. La reputación del Joint se ha ido extendiendo desde que Tómas Andrés Tómasson –o Tommi– comenzó a vender hamburguesas y actualmente cuenta con sucursales en Berlín, Londres y Copenhague. Merece la pena probar los batidos.

⑦ Krúa Thai
MAPA M3 ▪ **Skólavörðustíg 21a** ▪ **561 0833** ▪ **Cerrado do mediodía** ▪ **www.kruathai.is** ▪ Ⓚ

Uno de los pocos lugares que quedan en Islandia para disfrutar de una comida de restaurante económica. Todos los clásicos de la cocina tailandesa, desde el curry panang a la supa de coco, se sirven en un ambiente relajado. Su menú de tres platos, que se sirve al mediodía de lunes a viernes, es una buena opción. También ofrece una serie de platos para llevar

⑧ Mandi
MAPA K2 ▪ **Veltusund 3b** ▪ **618 8666** ▪ **Horario: 10.00-18.00 lu-do** ▪ **www.mandi.is** ▪ Ⓚ

A este popular local sirio acuden los islandeses a tomar un tentempié antes o después de salir por la noche. Ofrece también un almuerzo abundante. Sus sabrosos kebabs, falafel y hummus están bien de precio. Hay un par de sucursales en la ciudad.

⑨ Þrír Frakkar
MAPA L3 ▪ **Baldursgata 14** ▪ **552 3939** ▪ **Cerrado sá y do mediodía** ▪ **www.3frakkar.is** ▪ Ⓚ Ⓚ

Dentro de un encantador edificio en una tranquila zona residencial, este local se especializa en pescados y mariscos, con una excelente trucha, langosta y sopas con un toque franco-asiático. Ofrece también platos como arenques mixtos y mejillones, además de cocina islandesa tradicional como el arao salteado y el frailecillo ahumado. Pruebe el pescado desmenuzado con pan negro.

Bacalao salado salteado, Þrír Frakkar

⑩ Noodle Station
MAPA N3 ▪ **Laugavegur 103** ▪ **551 3198** ▪ **www.noodlestation.is** ▪ Ⓚ

Este informal restaurante asiático ofrece tres tipos de sopa de fideos –buey, pollo o vegetariana– cocinadas según la receta de la abuela tailandesa del dueño. Si no encuentra sitio, pida su plato para llevar.

Precios ver p. 81

TOP10 Islandia gratis

El espectacular fenómeno de la aurora boreal

1 Aurora boreal
La escasa contaminación lumínica de sus cielos convierten a Islandia en un lugar incomparable para ver la aurora boreal *(ver p. 53)*. Hay que venir en invierno (no aparece en las cortas noches de verano), en un año de alta actividad solar, y alejarse un poco de Reikiavik.

2 Grótta
MAPA P5
Esta reserva natural se sitúa en el extremo de la península de Seltjarnarnes, al noroeste del centro de Reikiavik. La zona fue preservada en 1974 por su riqueza ornitológica, que incluye el charrán ártico o el porrón moñudo. Esta reserva es conocida por su fotogénico faro, que data de 1947. Con buen tiempo, pueden distinguirse las penínsulas de Reykjanes y Snæfellsnes.

3 Bayas
Únase a los islandeses en la recogida de la camarina negra (similar al arándano), desde finales del verano hasta principios del otoño. No olvide dejar algunas para los pájaros, que las necesitan para sobrevivir a los crudos inviernos.

4 Piscinas termales naturales
Desde época vikinga, las fuentes termales se han usado como *spas* naturales. Las mejores están en Landmannalaugar *(ver pp. 30-31)*, pero también Reykjadalur *(ver p. 55)*, cerca de Hveragerði *(ver p. 112)*. Los visitantes pueden disfrutar de las vistas mientras se bañan. Hay normas estrictas de higiene.

Piscina termal en Landmannalaugar

5 Senderismo
Existen varios recorridos interesantes a una hora en coche desde Reikiavik. El más cercano es Esja *(ver p. 54)*, que ofrece bellas vistas de la ciudad desde su cima. Otras excursiones incluyen la subida a Glymur *(ver p. 44)* –una de las cascadas más altas de Islandia– y Reykjadalur, un manantial que surge en un valle.

6 Observación de vida salvaje

Islandia es un estupendo lugar para observar la vida salvaje. Hay focas e inmensas colonias de aves marinas por toda la costa (especialmente en Vík, Látrabjarg y las islas Vestman), alces en las Tierras Altas del este, tímidos zorros árticos en cualquier parte, y originales patos y otras aves acuáticas en el lago Mývatn.

7 Enclave de la Asamblea de Þingvellir

MAPA C5

Incluso sin estar ligado a hitos de la historia de Islandia, Þingvellir *(ver pp. 12-13)* es espectacular: un amplio valle flanqueado de paredes de basalto, sobre la falla que separa las placas continentales americana y euroasiática. Cuenta con rutas de senderismo.

8 Maqueta de Islandia en el Ráðhúsið

MAPA K2 ▪ Tjarnargata 11, Reikiavik ▪ 411 1111 ▪ Horario: 8.00-19.00 lu-vi, 12.00-18.00 sá-do

Planifique o rememore sus viajes en este enorme mapa 3D de Islandia, en el que aparecen glaciares, volcanes y fiordos. Termine la visita admirando las aves del lago Tjörnin *(ver p. 78)*.

9 Espectaculares cascadas

El agua fundida de los glaciares más grandes de Europa alimenta cascadas apabullantes. Las más cercanas a Reikiavik son Gullfoss *(ver pp. 18-19)* y Skógafoss *(ver p. 45)*, aunque merece la pena ir a Dynjandi *(ver p. 45)*, en los Fiordos Occidentales, y a Dettifoss *(ver p. 44)*, la cascada más larga de Europa, en el norte.

10 Playas

Las playas de Islandia son de arena negra por su proximidad a los volcanes; son bonitas pero aisladas, especialmente las de los Fiordos Occidentales. En la península de Snæfellsnes y en los alrededores de Reikiavik se encuentran playas de arena blanca y dorada. En las playas hay tesoros ocultos *(ver p. 59)*.

TOP 10: CONSEJOS PARA AHORRAR

Acampando junto a Seljalandsfoss

1 Lleve una tienda de campaña impermeable; el tiempo cambia rápidamente. Muchos *campings* están bien equipados y cuestan menos que una habitación de hotel. La Camping Card *(ver p. 127)* permite ahorrar en muchos *campings* del país.

2 La tarjeta de Hostelling International (YHA) ofrece descuentos en los numerosos albergues juveniles de Islandia. Detalles en la página web *www.hihostels.com*

3 Lleve su saco de dormir para optar a las tarifas más bajas de los hostales: alojamiento a un precio significativamente más bajo que si se duerme en una cama con sábanas.

4 Si piensa autoabastecerse, compre hasta el límite marcado por el *duty-free*.

5 Viaje en temporada baja (octubre-abril). Algunos sitios están cerrados o inaccesibles, pero el alojamiento y el alquiler de coches son mucho más económicos.

6 Aproveche los descuentos *online* que ofrecen Icelandair, PLAY o easyJet. *www.icelandair.com, www.easyjet.com*

7 Los bonos de autobús están limitados a rutas y horarios concretos, pero resultan más baratos que los billetes sencillos.

8 Disfrute de un baño, sauna o sesión de chorro caliente en una de las piscinas públicas que hay por todo el país.

9 Se puede dar la vuelta a la isla en bicicleta en un mes, un ahorro en transporte.

10 Compre su salmón ahumado, jerséis de lana o ropa deportiva en las tiendas locales . No olvide pedir la devolución de impuestos por los artículos que superen las 6.000 ISK *(ver p. 126)*.

TOP10 Festivales

1 Myrkir Músíkdagar
Ene ▪ www.darkmusicdays.is

El festival Música de los Días Oscuros, que se celebra cada año a finales de enero, ilumina el invierno de Reikiavik con talleres y actuaciones de música contemporánea casi exclusivamente islandesa, que van de lo más vanguardista a la ópera.

2 Aldrei fór ég Suður
Abr ▪ www.aldrei.is

Este peculiar festival de música se celebra todos los años en torno a Semana Santa en Ísafjörður. Fundado por el músico local Mugison y su padre, presenta una amplia variedad de música islandesa, desde la banda Múm hasta coros locales.

3 Festival de Artes de Reikiavik
May o jun ▪ www.artfest.is

Esta bienal, que ofrece conciertos, ópera, danza y teatro, se celebra desde 1970. Durante dos o tres semanas cada dos años se celebran citas culturales por toda la ciudad.

4 Songfest
Final de junio-principios de julio ▪ www.hafnarborg.is

Este festival anual de música organiza conciertos en el Museo de Arte de Hafnarfjordur, con temas clásicos interpretados por los mejores cantantes de Islandia.

5 Fiskidagurinn Mikli
Ago ▪ www.fiskidagurinnmikli.is

A principios de agosto (el primer o segundo sábado del mes), Dalvík, un pueblecito pesquero cercano a Akureyri, atrae a visitantes en su Día Grande del Pescado, un excéntrico evento. Además de los bufés al aire libre de pescado y marisco, busque las casas con una antorcha encendida –una señal de que sirven gratuitamente sopa de pescado fresco–.

6 Reikiavik Pride
Ago ▪ www.reykjavikpride.is

Celebrada cada año desde 1999, la Reikiavik Pride es hoy uno de los mayores festivales de Islandia. En los últimos años, más de un tercio de la población del país acudió al Saturday of Pride, cuando el desfile recorre las calles del centro de Reikiavik.

7 Þjóðhátíð Vestmannaeyjar
Ago ▪ www.dalurinn.is

El festival de las islas Vestman, que se celebra desde 1874, no es para timoratos. El festival incluye: acampada durante 4 días en el cráter de un volcán, acompañado del tronar de grupos de rock islandés, y bañarse desnudo en el mar.

Animada actuación en el festival Aldrei fór ég Suður

8 **Menningarnótt**
Ago ▪ www.menningarnott.is

Una noche de agosto es elegida como Noche de la Cultura, durante la cual el centro de Reikiavik se cierra al tráfico, se instalan escenarios, los artistas se lanzan a las calles y los fuegos artificiales iluminan el cielo. Las actuaciones son sobre todo de grupos profesionales.

Fuegos artificiales en Menningarnótt

9 **Festival de Jazz Djásshátíð – Reikiavik**
Sep ▪ www.reykjavikjazz.is

Lo último en jazz de la escena internacional acude a Reikiavik en agosto. Sin embargo, lo más llamativo es el nivel de los talentos locales. No se pierda la Jazz Parade que se celebra el día de la inauguración.

10 **Festival de Cine Internacional de Reikiavik (RIFF)**
Sep ▪ www.riff.is

Una selección de las mejores películas del año se presenta en el conocido Festival de Cine Internacional de Reikiavik, una de las grandes citas culturales del país, con eventos por toda la ciudad. El festival incluye una sección de cine islandés, además de actividades paralelas como el Swim-in Cinema, el Film Concert y clases magistrales de directores.

TOP 10: ARTISTAS ISLANDESES

Björk en concierto

1 Björk
Una de las grandes estrellas de la música islandesa, Björk es un fenómeno global e incluso ayudó a situar el país en el mapa en la década de 1980.

2 Sigur Rós
La banda post-rock Sigur Rós mezcla elementos de la música pop, clásica y folk, con unas voces únicas.

3 KK
El guitarrista folk Kristján Kristjánsson es el Arlo Guthrie de Islandia, a menudo embarcado en proyectos con el veterano Magnús Eiríksson.

4 Stefán Íslandi
Nacido en 1907, Stefán Íslandi actuó como tenor operístico en EE. UU. hasta su fallecimiento en 1994.

5 Sigrún Hjálmtýsdóttir
Una soprano y cantante de jazz de primer orden, Sigrún Hjálmtýsdóttir ha compartido escenario con José Carreras y Plácido Domingo.

6 Kristinn Sigmundsson
Este imponente bajo operístico es uno de los cantantes de ópera islandeses más internacionalmente conocidos.

7 Mugison
Guitarrista *slide* de los Fiordos Occidentales, Mugison posee una estupenda voz y constituye la versión islandesa del blues del Delta.

8 Emiliana Torrini
Parte islandesa y parte italiana, con su suave voz fue la primera islandesa en ser número uno de las listas alemanas.

9 Daði & Gagnamagnið
Grupo popular que representó a Islandia en el Festival de Eurovisión 2021.

10 Kristinn Árnason
Un brillante guitarrista clásico, Kristinn Árnason ha sabido pasarse sin dificultad a la música rock.

TOP10 Islas

La Imagine Peace Tower creada por Yoko Ono en memoria de John Lennon, en Viðey

1 Viðey
Personajes históricos de primer orden habitaron esta mota de tierra plana en la costa de Reikiavik *(ver p. 78)*, como el último obispo católico del país, Jón Arason, o el *sheriff* Skúli Magnússon, que construyó aquí la primera casa de piedra de Islandia en 1755. Hoy es la sede de la circular Imagine Peace Tower, en memoria a John Lennon.

2 Lundey
MAPA P5 ▪ Cruceros desde Reikiavik ▪ www.elding.is
Existen multitud de lugares en Islandia con el nombre de Lundey –isla de los frailecillos–, pero este es el más cercano a Reikiavik en el que se puede ver a estas aves, al menos en época de cría entre abril y agosto.

Aunque no está permitido desembarcar, los cruceros rodean la isla a diario durante el verano.

3 Vigur
MAPA B2 ▪ Visitas guiadas desde Ísafjörður, med jun-fin ago: lu, ma y ju-sá ▪ www.westtours.is
Frente a los Fiordos Occidentales, este remoto islote alargado resulta una estupenda excursión de medio día desde Ísafjörður para ver las aves que llegan a la isla en primavera y verano, entre ellos el charrán ártico, el frailecillo y el eider común, cuya pluma se comercializa como relleno de edredones y plumíferos. Solo se recogen las plumas caídas, sin dañar a las aves.

4 Hrísey
MAPA E2 ▪ Ferri diario desde Árskógssandur (hasta 9 al día) ▪ www.hrisey.is/en
Una isla agradable en Eyjafjörður –uno de los fiordos más largos de Islandia– cerca de la ciudad de Akureyri. Hrísey es conocida por sus senderos, su bonito pueblo y su avifauna, que incluye a la perdiz nival. Sus aguas también son frecuentemente visitadas por las ballenas jorobadas.

Un frailecillo en Grímsey

5 Grímsey

Grímsey, el punto más septentrional de Islandia, es la única zona del país dentro del Círculo Polar Ártico, lo que significa que aquí el sol no se pone en varios días en torno al 21 de junio y no sale en ningún momento a finales de diciembre *(ver p. 95)*. Los acantilados de la isla están llenos de aves en primavera y verano, sobre todo de frailecillos, convirtiéndola en un destino ideal de excursión de un día.

6 Drangey
MAPA D2

Parte de un volcán extinto, esta escarpada roca de palagonita de 180 m de altura se ha convertido en lugar de anidamiento para miles de aves marinas, incluidos frailecillos, araos, alcatraces, rissas y fulmares. Un sendero lleva a la cima de la isla y ofrece vistas espectaculares del fiordo. Hay excursiones en barco en verano y con reserva en invierno.

7 Flatey
MAPA E2 ■ Ferri diario desde Stykkishólmur-Brjánslækur ■ www.seatours.is

Aunque sea difícil de creer, esta isla, a medio camino de Breiðafjörður, entre Snæfellsnes y los Fiordos Occidentales, albergó un importante monasterio en el siglo XII. Posteriormente se la conoció por el *Flateyjarbók*, un manuscrito iluminado medieval que narra la *Saga de Groenlandia*, que se descubrió en la isla pero

que ahora se guarda en la Casa de la Cultura de Reikiavik. El este de la isla es una reserva de aves marinas.

8 Islas Vestman

Conocido en islandés como Vestmannaeyjar, este archipiélago *(ver p. 110)* comprende 15 islas y 30 islotes en la costa sur del país. Destacan por su belleza natural y por su amplia población de frailecillos, además de por Surtsey. Esta pequeña isla –reserva especial de la Unesco– se formó tras una erupción volcánica submarina en 1963.

9 Eldey
MAPA B5

A unos 15 km del extremo más sudoeste de Islandia, los distintivos acantilados rocosos de paredes verticales de Eldey se alzan 77 m sobre el Atlántico. La cima forma una plataforma que alberga la colonia de alcatraces más grande de Europa. Por desgracia, también es donde en 1844 se mató a la última pareja de alcas gigantes.

10 Heimaey
MAPA C6 ■ Ferri diario a Herjólfur desde Þorlákshöfn o Landeyjahöfn ■ www.herjolfur.is

Esta isla de 3 km de largo, junto a la costa sur, tiene suficientes aves, volcanes, historia vikinga y paseos para merecer una visita de un par de días. En el extremo norte de la isla, la ciudad del mismo nombre es famosa por haber casi desaparecido durante una erupción volcánica en 1973.

Heimaey, una pintoresca ciudad isleña

Recorridos por Islandia

Paisaje volcánico multicolor,
Landmannalaugar, sur de Islandia

TOP 10 Reikiavik

Estatua, Museo Nacional

El área de Reikiavik comprende el centro de la ciudad y sus barrios periféricos. El diminuto corazón de la ciudad es un conjunto de calles cercanas al viejo puerto, que se recorren a pie en un día. Los edificios oficiales son de piedra u hormigón –una práctica protección frente a los fuertes vientos invernales–, pero la mayor parte de la zona es residencial, con casas de madera protegidas con planchas de chapa de colores. Aquí están casi todas las tiendas, cafés, restaurantes y discotecas de Islandia, junto con museos y galerías. Uno de sus enclaves más destacados es la colina de Öskjuhlið, con vistas de los barrios más alejados.

REIKIAVIK

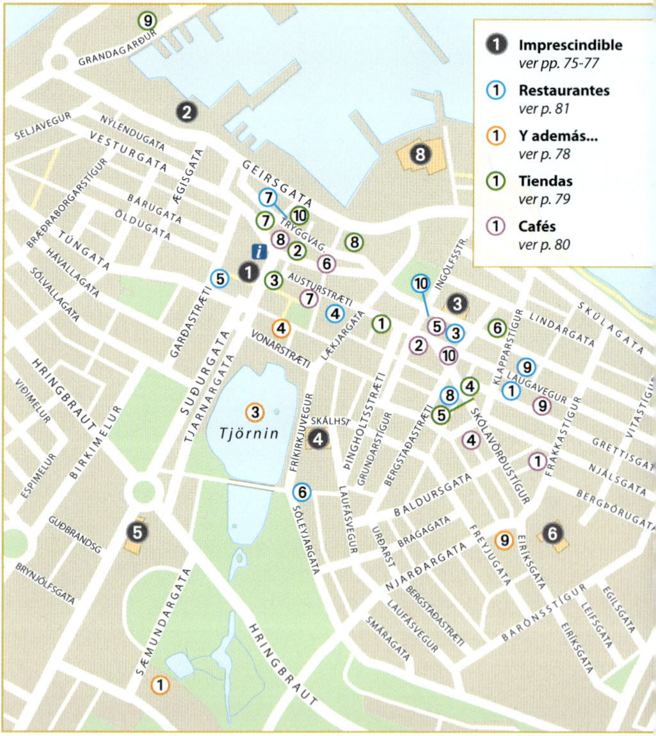

1 **Imprescindible**
ver pp. 75-77

1 **Restaurantes**
ver p. 81

1 **Y además...**
ver p. 78

1 **Tiendas**
ver p. 79

1 **Cafés**
ver p. 80

① Landnámssýningin (Exposición del Asentamiento)

MAPA K2 ▪ Aðalstræti 16 ▪ 411 6370 ▪ **Horario:** 10.00-17.00 lu-do ▪ Se cobra entrada ▪ www.reykjavikcitymuseum.is

Esta impresionante exposición comprende los restos *in situ* de una gran casa comunal vikinga, que posiblemente perteneció al primer poblador de Islandia, que llegó navegando hacia el 870 d. C., el noruego Ingólfur Arnarson *(ver p. 36)*. No se conservan más restos de esa época en tan buen estado. Su ubicación bajo las calles hace que resulte aún más original.

② Centro histórico y puerto

MAPA K1

El centro histórico es donde se asentaron los primeros vikingos y

Centro histórico de Reikiavik

donde se alzan los edificios más antiguos (plaza Lækjatorg). La estatua de Jón Sigurðsson *(ver p. 37)* se alza frente al Parlamento de 1881, que reemplazó al Alþingen en Þingvellir. En el puerto viejo hay multitud de barcos de pesca y el fascinante Museo de la Saga *(ver p. 41)*.

③ Safnahúsið (Casa de la Cultura)

MAPA L2 ▪ Hverfisgata 15 ▪ 530 2210 ▪ **Horario:** may-med sep: 10.00-17.00 lu-do; med sep-abr: 10.00-17.00 ma-do ▪ Se cobra entrada ▪ Ofrece visitas guiadas ▪ www.nationalmuseum.is

Parte del Museo Nacional de Islandia, sus pinturas, objetos y material de archivo, como libros y mapas, profundizan en la herencia islandesa.

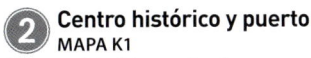

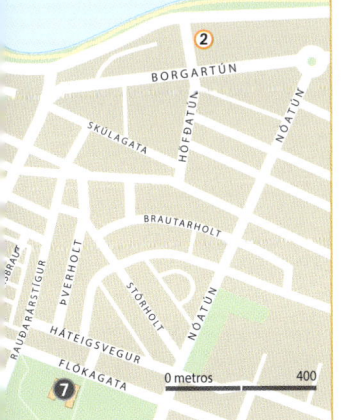

Manuscrito medieval, Safnahúsið

④ Listasafn Íslands (Galería Nacional)

MAPA L3 ▪ Fríkirkjuvegur 7 ▪ 515 9600 ▪ **Horario:** verano: 10.00-17.00 lu-do; invierno: 10.00-17.00 ma-do ▪ www.listasafn.is

Principal colección de arte del país, se centra en pintores nativos de principios del siglo XX. Las islas de Listasafn *(ver p. 40)* rotan de continuo alrededor de 10.000 obras.

⑤ Þjóðminjasafn Íslands (Museo Nacional)

MAPA K3 ■ Suðurgata 41 ■ 530 2200 ■ Horario: may-med sep: 10.00-17.00 lu-do; med sep-abr: 10.00-17.00 ma-do ■ Se cobra entrada ■ www.nationalmuseum.is

Este museo (ver p. 40), que documenta la historia y cultura de Islandia desde los primeros indicios de asentamiento hasta el presente, permite a los visitantes aprender a través de diversas opciones multimedia. Ya sean tumbas vikingas, estatuas medievales provenientes de iglesias o piezas modernas, todos encontrarán algo interesante en esta exposición que ocupa las dos plantas del museo.

⑥ Hallgrímskirkja

MAPA M3 ■ Hallgrímstorg 1 ■ 510 1000 ■ Horario: 10.00-17.00 lu-do ■ Iglesia: gratis; torre: se cobra entrada ■ www.hallgrimskirkja.is

Esta iglesia de 74 m de altura, la más grande de Islandia, necesitó 400 años para acabarse y parece una formación volcánica cubierta de pilares hexagonales. El sonido de su órgano de 5.275 tubos es la estrella. Suba a la torre para disfrutar de la vista sobre los coloridos tejados y la estatua de Leifur Eiríksson.

Leifur Eiríksson

EL ASENTAMIENTO DE REIKIAVIK

Cuando Ingólfur Arnarson avistó por primera vez Islandia en su viaje desde Noruega en el 870 d. C., lanzó por la borda los postes de su sillón de caudillo y prometió asentarse allí donde fueran a parar. Finalmente los encontró en una extensa, humeante y fértil ensenada en el suroeste de la isla, que Ingólfur bautizó como Reikiavik (bahía humeante).

⑦ Kjarvalsstaðir (Museo de Arte de Reikiavik)

MAPA N4 ■ Flókagata 24 ■ 411 6420 ■ Horario: 10.00-17.00 lu-do ■ Visitas guiadas previa cita ■ Se cobra entrada ■ www.listasafnreykjavikur.is

Jóhannes Kjarval (1885-1972), nacido en un pueblo del noreste, estudió pintura en Europa. Al regresar a su país, comenzó a incorporar paisajes en sus pinturas llenas de alegres colores. Está considerado el mayor artista de Islandia y su obra es una controvertida mezcla de folklore, cristianismo y paganismo. Además de su obra, el museo exhibe arte contemporáneo islandés y arte extranjero.

⑧ Harpa

MAPA L2 ■ Austurbakki 2 ■ 528 5050 ■ Visitas guiadas todo el año ■ www.harpa.is

Harpa –Sala de Conciertos y Centro de Conferencias de Reikiavik– es el espacio escénico más importante del

Harpa, Sala de Conciertos y Centro de Conferencias de Reikiavik

país, sede de la Orquesta Sinfónica de Islandia, la Ópera de Islandia y la Big Band de Reikiavik. Su fachada, obra del artista Olafur Eliasson, es un símbolo de la revitalización del puerto histórico de Reikiavik y del dinamismo de Islandia.

Domo de espejos de Perlan

9 Perlan
MAPA M6 ▪ Öskjuhlið ▪ Autobús 18 desde Hlemmur ▪ Exposición: 8.00-19.00 lu-do; plataforma panorámica: 8.00-20.00 lu-do ▪ Se cobra entrada ▪ www.perlan.is

La boscosa colina de Öskjuhlið, al sur del centro de la ciudad, está cubierta por senderos para caminar y pasear en bici. Su cumbre está coronada por el domo de espejo de Perlan (la perla). Este imaginativo edificio, realizado con tanques de agua cilíndricos, tiene vistas fabulosas desde la terraza exterior. Dentro, la exposición permanente "Wonders of Island" muestra la naturaleza del país a través de la tecnología interactiva y el diseño.

10 Parque y área de recreo de Laugardalur
MAPA R4 ▪ Laugardalur ▪ Autobús 14 desde Hlemmur ▪ Piscina: 411 5100 ▪ Horario: abr-ago: 6.30-22.00 lu-vi, 8.00-22.00 sá-do ▪ Aparcamiento: gratis; actividades: se cobra entrada

Al este del centro de la ciudad, el parque Laugardalur es un estupendo enclave para relajarse. Los jardines botánicos tienen multitud de especies locales e internacionales y un agradable jardín de rocas. Se puede patinar en invierno en el cercano centro de deportes. Su piscina natural geotermal de 50 m de largo, con tres pequeñas piscinas para juegos y *jacuzzis*, abre todo el año.

UN DÍA EN REIKIAVIK

▶ MAÑANA

Comience el día como muchos islandeses, dándose un baño en la piscina interior de Sundhöllin. Después de un café en **Kaffitár**, en Bankastræti, diríjase a **Þjóðminjasafn Íslands** para una inmersión en la historia de Islandia, aunque sin intentar cubrirlo todo en una sola visita. Pasee relajadamente hasta llegar a **Tjörnin** *(ver p. 78)* y contemple a los pájaros, antes de entrar en el **Ayuntamiento** para ver el mapa gigante en relieve del país o asistir a un concierto de mediodía. Siéntese en la hierba en la **plaza Austurvöllur** para admirar la sencilla catedral de Reikiavik, el hotel *art déco* Borg y el Parlamento. Luego pase media hora entre los restos vikingos del magnífico **Landnámssýningin** *(ver p. 75)*, en las cercanías.

TARDE

Recargue energías con un plato de pato Wellington en el **Duck & Rose** *(ver p. 80)*, luego salga a comprar joyas, ropa o recuerdos a lo largo de **Laugavegur** *(ver p. 30)*. Diríjase a lo alto de la colina, dejando atrás las casas de colores de Klapparstígur, para disfrutar del paisaje urbano desde lo alto de **Hallgrímskirkja**. Si tiene ganas de otro museo, ilústrese sobre las sagas en el **Safnahúsið** *(ver p. 75)*. Pasee hacia el norte hasta **Harpa** para asistir a un concierto o ver la impresionante escultura *Viajero del Sol* y la histórica **Casa Höfði** *(ver p. 78)*. Tras la cena, visite algún bar de la ciudad: **Prikið** *(ver p. 80)*, en el centro, es el mejor lugar para empezar.

Ver mapa pp. 74-75

Y además...

(1) Norræna Húsið
MAPA K4 ▪ Sæmundargata 11
▪ 551 7030 ▪ Biblioteca: 10.00-17.00
ma-do; sala de exposiciones: los
horarios varían, consultar la página web
▪ www.nordichouse.is
Exposiciones, conciertos y biblioteca
dedicados a la cultura nórdica.

Casa nórdica Höfði

(2) Casa Höfði
MAPA P2 ▪ Borgartún
Mijaíl Gorbachov y Ronald Reagan fir-
maron en esta casa el fin de la Guerra
Fría en 1986. Muy cerca, la escultura
Viajero del Sol rinde homenaje a
los viajes vikingos.

(3) Tjörnin
MAPA K3
Los locales traen a sus niños a
disfrutar de los patos, gansos y
cisnes a este lago del centro de la ciudad.

(4) Alþingishúsið
MAPA L2
▪ Austurvöllur ▪ 563 0500
▪ Los horarios varían, consultar web
▪ www.althingi.is
Este edificio alberga la asamblea
nacional. Fundada en el 930 d. C. en
Þingvellir, se trasladó aquí en 1881.

**(5) Museo de Escultura
Sigurjón Ólafsson**
MAPA Q1 ▪ Laugarnestangi 70
▪ Autobuses 12 y 15 ▪ 553 2906
▪ Horario: jun-sep: 13.00-17.00 lu-do
(oct-may: hasta 17.00 sá-do) ▪ Cerrado
dic y ene ▪ www.lso.is
El que fuera estudio de Sigurjón
Ólafsson, muestra sus esculturas.

**(6) Museo de Escultura
Ásmundur Sveinsson**
MAPA Q4 ▪ Sigtún ▪ 411 6430
▪ Horario: may-sep: 10.00-17.00
lu-do; oct-abr: 13.00-17.00 lu-do ▪ Se
cobra entrada ▪ www.artmuseum.is
Con influencias mediterráneas y afri-
canas, el edificio es tan interesante
como las obras del famoso escultor.

(7) Hafnarfjörður
MAPA P6 ▪ Autobús 1 desde
Hamraborg ▪ www.hafnarfjordur.is,
www.fjorukrain.is
Esta zona residencial de Reikiavik
junto al mar cuenta con buenos restaurantes, incluido uno y un hotel con
temática vikinga.

(8) Viðey
MAPA P5 ▪ Med may-sep:
8 ferris diarios desde Skarfabakka
y dos veces al día desde el puerto
viejo de Reikiavik y Harpa
▪ www.videy.com
Justo a las afueras de
Reikiavik, este verde islote (*ver
p. 70*) alberga el edificio de piedra
más antiguo de Islandia (hoy un
restaurante), miles de aves marinas y la Imagine Peace Tower.

**Ave acuática
de Viðey**

**(9) Museo de Escultura
Einar Jónsson**
MAPA M3 ▪ Eiríksgata ▪ Horario:
10.00-17.00 ma-do ▪ Se cobra
entrada ▪ www.lej.is
Este museo expone esculturas de
escayola y bronce del primer escultor
moderno de Islandia, Einar Jónsson
(1874-1954).

**(10) Playa geotermal
de Nauthólsvík**
MAPA M6 ▪ Vestuarios: med may-med
ago: 11.00-19.00 lu-ju, 11.00-16.00 sá
▪ www.nautholsvik.is/en
Una playa de arenas amarillas en la
costa sur del centro de la ciudad,
junto con bañeras de agua caliente
y piscina al aire libre. Las bombas
geotérmicas mantienen el agua de
bañeras y piscina a unos 18 °C.

Tiendas

① Aurum
MAPA L2 ▪ Banakstræti 4
▪ 551 2770 ▪ www.aurum.is

Las joyas modeladas por Guðbjörg Kristín Infvarsdóttir se inspiran en el paisaje islandés, empleando metales preciosos para crear unos delicados y fluidos diseños, a la vez modernos y atemporales.

② The Viking
MAPA L2 ▪ Hafnarstræsti 1–3
▪ 551 1250

Famosa por su simpático trato y su prolongado horario, esta tienda de regalos lleva en manos de la misma familia más de 50 años. Ahora es una cadena con otras 5 tiendas en la isla.

③ Thorvaldsens Bazar
MAPA L2 ▪ Austurstræti 4
▪ 551 3509 ▪ www.thorvaldsens.is

Esta tienda benéfica lleva funcionando desde hace más de un siglo y se especializa en artículos islandeses hechos a mano, como jerséis de punto, tallas de madera y joyería de plata.

④ Penninn Eymundsson
MAPA L3 ▪ Skólavörðustíg 11
▪ 540 2350

Estupenda librería que ofrece mapas y planos (de carretera; de senderismo, etc.), además de libros en inglés sobre Islandia y artículos de papelería. Dispone de una buena cafetería.

⑤ 12 Tónar
MAPA L3 ▪ Skólavörðustíg 15
▪ 511 5656

Además de vender CD y vinilos, esta tienda celebra conciertos (sobre todo en verano) de un ecléctico listado de artistas locales que abarcan música clásica, jazz y pop.

⑥ AKKÚRAT
MAPA L2 ▪ Hverfisgata 34
▪ 895 4452 ▪ www.akkurat.is

Esta tienda vende desde ropa a menaje creado por diseñadores islandeses y nórdicos contemporáneos.

Cuencos de papel de Kirsuberjatréð

⑦ Kirsuberjatréð
MAPA L2 ▪ Vesturgata 4
▪ 562 8990 ▪ www.kirs.is

Esta original tienda, dirigida por una cooperativa femenina, ofrece prendas típicas islandesas, accesorios de piel de pescado, cristal, joyas y regalos.

⑧ Michelsen 1909
MAPA L2 ▪ Tryggvagata 25
▪ 511 1900 ▪ www. michelsenwatch.is

Un magnífico relojero de estilo antiguo, con un taller lleno de piezas predigitales en reparación. Vende Rolex y otras marcas clásicas.

⑨ Vínberið
MAPA K1 ▪ Laugavegur 43
▪ 551 2475 ▪ vinberid.is

Esta confitería de gestión familiar fue fundada en 1976. Cuentan con una amplia gama de chocolates artesanales y dulces locales.

⑩ Mercadillo de Kolaportið
MAPA L2 ▪ Tryggvagata 19 ▪ 562 5030 ▪ Horario: 11.00-17.00 sá-do

Únase a los locales y pase un par de horas escudriñando entre los cientos de trastos viejos en este mercado y tal vez descubra una pieza de ropa de diseño o alguna ecléctica antigüedad. También se venden verduras traídas directamente de las huertas.

Ver mapa pp. 74-75 ←

Cafés

① Reykjavík Roasters
MAPA M3 ■ Kárastígur 1 ■ 517 5535 ■ Horario: 8.30-17.00 lu-vi (desde 9.00 sá 10.00 do) ■ www.reykjavikroasters.is
Este establecimiento ubicado en un antiguo edificio sirve cafés impecables con grano tostado en el propio local.

② Prikið
MAPA L2 ■ Bankastræti 12 ■ 551 2866 ■ Horario: 8.00-1.00 lu-ju, 11.00-4.30 vi-sá, 12.00-1.00 do ■ www.prikid.is
Este café-*diner* (ver p. 60), de clientela moderna, cobra ambiente de bar por las noches. DJ hip-hop los fines de semana.

③ Kaffihus Vesturbaejar
MAPA J3 ■ Melhagi 20, 107 Reikiavik ■ 551 0623 ■ Horario: 8.00-23.00 lu-vi, 9.00-23.00 sá-do ■ www.kaffihusvesturbaejar.is
El bistró ofrece cafés y tartas, y hay carta de *diner* y zona de bar para la noche.

④ Café Babalú
MAPA L3 ■ 22, Skólavörðustígur ■ 555 8845
Colorido y peculiar, este local de clientela moderna sirve cafés y tartas deliciosas.

⑤ Grái Kötturinn
MAPA L2 ■ Hverfisgata 16a ■ 551 1544 ■ Horario: 7.30-14.30 lu-vi, 8.00-14.30 sá-do
En el sótano de este moderno café se sirven generosos desayunos.

⑥ Hornið
MAPA L2 ■ Hafnarstræti 15 ■ 551 3340
Abierta desde 1979, esta acogedora pizzería italiana familiar fue uno de los primeros lugares que sirvió café expreso en Islandia. Magnífica pasta fresca con marisco.

⑦ Duck & Rose
MAPA L2 ■ Austurstræti 14 ■ 551 1020 ■ Horario: 11.30-22.00 lu-do ■ www.duckandrose.is
Este café y restaurante ofrece una carta clásica europea (pato Wellington o alitas con *créme brulée* de hígado de pollo) con ingredientes islandeses. El *brunch* (11.30-15.00) es muy popular, y en uno puedes tomar tantos cócteles mimosa como quieras.

⑧ Fjallkonan
MAPA L2 ■ Hafnarstræti 1–3 ■ 555 0950 ■ Horario: 11.30-23.00 lu-do ■ www.fjallkona.is
Cafetería, bar y restaurante de aire desenfadado. Ofrece un almuerzo abundante y *brunch* con sopa, hamburguesas, ensaladas o platos clásicos de pescado.

⑨ Sandholt
MAPA M3 ■ Laugavegur 36 ■ 551 3524
Sabrosos panes de masa madre, quiches, chocolates caseros, sándwiches y un gran café en esta panadería familiar.

⑩ Mokka
MAPA L3 ■ Skólavörðustíg 3a ■ 552 1174
El café más antiguo de la capital (abrió en 1958), el sencillo Mokka, está considerado el precursor de la cultura de la cafeína en Islandia y es conocido por sus gofres. Alberga exposiciones de arte.

Grái Kötturinn

Restaurantes

1 **ÓX**
MAPA M3 ▪ Laugavegur 28 ▪ 537 9900 ▪ Abierto desde 19.00 ju-sá ▪ www.ox.restaurant

Restaurante acogedor (ver p. 62) en la avenida principal, ofrece una experiencia culinaria única. Conviene reservar.

2 **VOX**
MAPA R4 ▪ Hilton Reykjavík Nordica, Suðurlandsbraut 2, 108 Reikiavik ▪ 444 5050 ▪ www.vox.is ▪ ⓀⓀⓀ

Elegante restaurante (ver p. 62) de cocina de inspiración islandesa e internacional; ofrece excelentes vinos.

3 **Punk**
MAPA L2 ▪ Hverfisgata 20 ▪ 537 7865 ▪ www.punkrestaurant.is ▪ ⓀⓀ

Colorido y lujoso restaurante con interesantes platos que fusionan la cocina internacional y la islandesa. Cuenta con una buena carta de cócteles y vinos.

4 **Grillmarkaðurinn**
MAPA L2 ▪ Lækjargata 2A, 101 Reikiavik ▪ 571 7777 ▪ Cerrado sá y do mediodía ▪ www.grillmarkadurinn.is ▪ ⓀⓀⓀ

La carta (ver p. 62) está formada por platos que son una fluida mezcla de lo tradicional y lo moderno.

5 **Fiskmarkaðurinn**
MAPA K2 ▪ Aðalstræti 12, 101 Reikiavik ▪ 578 8877 ▪ Cerrado mediodía ▪ ⓀⓀⓀ

Restaurante de cocina japonesa (ver p. 63) que ofrece variedad de platos, como sushi, maki y nigiri, y cuenta con opciones vegetarianas.

6 **Holt**
MAPA L3 ▪ Hótel Holt, Bergstaðastræti 37, 101 Reikiavik ▪ 552 5700 ▪ Cerrado do-ma ▪ ⓀⓀ

Generosos platos en un comedor de lujo (ver p. 62). Conviene reservar.

7 **Fiskfelagið**
MAPA K2 ▪ Vesturgata 2a ▪ Horario: 11.30-22.30 lu-ju (hasta 23.30 vi), 17.00-23.30 sá y do ▪ www.fiskfelagid.is ▪ ⓀⓀⓀ

Su menú incluye desde salvelino ártico hasta costillar de cordero a la sartén.

Acogedor interior de Sjávargrillið

8 **Sjávargrillið**
MAPA L3 ▪ Skólavörðustíg 14, 101 Reikiavik ▪ 571 1100 ▪ Cerrado lu-sá noche, do mediodía ▪ www.sjavargrillid.is ▪ ⓀⓀ

Buena cocina en un restaurante clásico a la luz de las velas (ver p. 63).

9 **Sumac Grill + Drinks**
MAPA M3 ▪ Laugavegur 28 ▪ Horario: 17.30-22.00 ma-ju, 17.00-23.00 vi y sá ▪ www.sumac.is ▪ ⓀⓀ

Ofrece una deliciosa fusión de cocina marroquí y libanesa con un toque islandés.

10 **Dill**
MAPA L2 ▪ Hverfisgata 12 ▪ 552 1522 ▪ ⓀⓀⓀ

Dill está especializado en nueva cocina nórdica, renovando platos como el salvelino, la pierna de cordero o la panza de cerdo con cebada, bayas y col.

Ver mapa pp. 74-75

TOP 10 Oeste de Islandia y península de Snæfellsnes

Iglesia de Búðir

La autovía sale en dirección norte desde Reikiavik y sigue la costa oeste, famosa por sus tormentas. Tras pasar Hvalfjörður y las cascadas Glymur, surgen Akranes y Borgarnes, hogar del famoso vikingo Egill Skallagrímsson. En el interior se halla Reykholt, cerca de las cascadas y lugar donde vivió el historiador del siglo XIII Snorri Sturlusson, y Laxárdalur, territorio vinculado a las sagas. Al noroeste de Borgarnes, la península de Snæfellsnes está llena de pueblitos pesqueros y rematada por el Snæfellsjökull, el cónico casquete polar que cubre este volcán dormido.

OESTE DE ISLANDIA Y PENÍNSULA DE SNÆFELLSNES

Flatey 5

Breiðafjörður 5

Laugar

Laxárdalur 8

Búðardalur

Stykkishólmur 10 9 4 2

4

Grundarfjörður 9

Kerlingarfjall 585 m 8

Hítará

Rif

Hellissandur 1 3 Ólafsvík

Parque Nacional de Snæfellsjökull 7 6 Búðir 6

Dritvík 8 Hellnar

Vegamót

Bifröst 10

Reykholt 5

Borgarnes 1 1 2 3 4

Faxaflói

Hvalfjörður 7 10

Akranes 7 9

Miðsandur

Reikiavik

Mosfellsbær

0 kilómetros 30

1 **Centro del Asentamiento de Borgarnes**

MAPA B4 ▪ Brákarbraut 13–15, Borgarnes ▪ 437 1600 ▪ Autobuses diarios de Reikiavik a N1 en Borgarnes ▪ Horario: 10.00-21.00 lu-do ▪ Se cobra entrada ▪ www.landnam.is

Esta exposición (ver p. 42) explora la Saga del Periodo de los Asentamientos (870-930 d. C.), que comenzó con los vikingos y terminó cuando se ocupó toda la tierra libre. Una sección está dedicada a Egill Skallagrímsson, célebre vikingo islandés y su primer poeta.

2 **Hraunfossar, Barnafoss y Kaldidalur**

MAPA C4

A unos 15 km al este desde Reykholt por la carretera 518, las cascadas Hraunfossar y Barnafoss (ver p. 44) –una suave y la otra violenta– merecen una parada en la excursión a Kaldidalur,

un valle entre los picos helados de Ok y Þórisjökull. Aunque la carretera no se cierra, solo se permite el paso de vehículos en verano (compruebe las condiciones en www.vegagerdin.is).

Cascadas Hraunfossar y Barnafoss

3 **Reykholt**

MAPA C4 ▪ Snorrastofa, Reykholt ▪ 433 8000 ▪ Horario: may-ago: 10.00-17.00 lu-do; sep-abr: 10.00-17.00 lu-vi; también abre previa petición ▪ Se cobra entrada ▪ www.snorrastofa.is

El pueblo de Reykholt fue el hogar de Snorri Sturluson (1179-1241), el historiador implicado en el proyecto de anexión noruega de Islandia. Asesinado por un rival con apoyo del rey noruego Hákon (fue encerrado en la bodega de su propia casa), escuchará su historia en el centro cultural de Snorrastofa. Al lado están la piscina de aguas termales y los restos restaurados del túnel que conducía a la casa.

4 **Stykkishólmur**

MAPA B3 ▪ www.stykkisholmur.is ▪ Norska Húsið: 433 8114; abierto jun-ago: 11.00-17.00 lu-do; se cobra entrada; www.norskahusid.is ▪ Biblioteca del Agua: 865 4516; jul-ago: 11.00-17.00 lu-do, sep-may: 13.00-16.00 ma-sá; se cobra entrada; www.vatnasafn.is

Los edificios de madera de la ciudad recuerdan el apogeo de su puerto en el siglo XIX. Destaca la Norska Húsið (Casa Noruega). Las cercanías están llenas de enclaves relacionados con la Saga de Eyrbyggja (ver p. 86). La Biblioteca del Agua tiene 24 columnas de cristal llenas de agua de glaciares de Islandia.

Hvammstangi

Vatnsdalsá

Brú

Norðurá

Arnarvatnsheiði

6 Hraunfossar y Barnafoss
2
5 Húsafell

Langjökull

Ok △
0 m

2 Kaldidalur

Skorradalsvatn

ugarvatn

gvallavatn

1 Imprescindible
ver pp. 83-85

1 Dónde comer
ver p. 87

1 Y además...
ver p. 86

Snæfellsjökull, el volcán y casquete polar en el centro del parque nacional

⑤ Breiðafjörður y Flatey
MAPA B3 ▪ **Sea Tours: www. seatours.is** ▪ **Flatey: www.hotelflatey.is**

Breiðafjörður –la enorme bahía que separa la península de Snæfellsnes de los Fiordos Occidentales, al norte– está repleta de islas y rocosos acantilados, que constituyen el hogar ideal para la cría de las aves marinas. Desde Stykkishólmur podrá explorar la bahía en una excursión con Sea Tours *(ver p. 71)* o visitar Brjánslækur en los Fiordos Occidentales, vía Flatey, la isla más grande de Breiðafjöður, en el pasado sede de un importante monasterio. Una pequeña estancia en el pueblito de Flatey le permitirá echar un vistazo a la vida en la isla y observar las aves.

⑥ Búðir
MAPA A4

Búðir es un diminuto lugar en la costa sur de Snæfellsnes, con tan solo una iglesia y un hotel, en el que disfrutar de maravillosos paisajes y vistas de Snæfellsjökull *(ver pp. 26-27)*. La iglesia de madera data de 1703. El cementerio y las lindes del pueblo están invadidos por el campo de lava de Búðahraun, que se creía habitado por criaturas mitológicas. Pese a su remoto emplazamiento, el romántico Hótel Búðir *(ver p. 130)* es famoso por ser el favorito del nobel Halldór Laxness. No se pierda su playa de arena negra.

⑦ Parque Nacional de Snæfellsjökull

Rodeando un volcán cubierto de hielo, este parque nacional *(ver pp. 26-27)* se extiende sobre duros campos de lava cubiertos de vegetación hasta una costa rica en avifauna. Se puede practicar senderismo, visitar los pueblos próximos al glaciar o la cueva de lava Vatnshellir, para todo lo cual se recomienda un guía. Además, es posible recorrer el circuito del parque en coche en solo un día.

⑧ Laxárdalur
MAPA C3

Este bonito valle a lo largo de la carretera 59 es el escenario de la *Saga Laxdæla*, una trágica historia de amor. Habla de la hermosa Guðrún Ósvifursdóttir y sus cuatro maridos: del primero se divorció, pero el resto murieron a causa de un hechizo, una

---

SAGA DE EGIL

Una interesante combinación de historia, folklore y alegoría política, la *Saga de Egil* recoge la vida de Egill Skalla-grímsson (910-990 d. C.), un aguerrido vikingo que pasó su juventud luchando contra los noruegos y con todos los demás durante su vejez. Pese a ello, también fue un magnífico poeta. De lectura obligada junto a la *Saga de Nijál* y la *Saga de Laxdæla*.

pelea y un ahogamiento, tras lo cual se hizo monja. De esa época solo han sobrevivido topónimos, como el de la iglesia de Hjarðarholt y las granjas de Goddastaðir y Höskuldsstaðir.

 ## Akranes
MAPA B5

Akranes, el puerto pesquero más antiguo de Islandia, es un buen lugar para conocer la vida de una ciudad islandesa. La pesca sigue siendo su principal industria y la ciudad es famosa por su club deportivo, Íþróttabandalag Akranes, que ha ganado la liga nacional de fútbol 18 veces. Su Museo de las Tradiciones Populares *(ver p. 86)* y su encantador faro son buenas razones para visitar este lugar, aunque haya que desviarse 10 km de la autovía.

 ## Hvalfjörður
MAPA C4

La mayor parte de la gente usa el túnel de la bahía para evitar los 30 km de ruta por Hvalfjörður, perdiéndose bellos paisajes, incluyendo Glymur *(ver p. 44)*, la cascada más alta del país. Hvalfjörður significa *fiordo de la ballena*, y se llamó así por las ballenas presentes en sus aguas. Fue base naval de Estados Unidos en la Segunda Guerra Mundial y sus barracones rojos hoy son casas de vacaciones.

Cascada Glymur

UN DÍA EN EL OESTE

▶ MAÑANA

Conduzca hacia el norte desde Reikiavik por Kjalarnes, donde la carretera avanza entre el mar y la meseta de Esja. Evite los 6 km del túnel que cruza los fiordos y siga la carretera 47 que recorre **Hvalfjörður**. Al llegar al final del fiordo, tome los 4 km de carretera de grava hacia el interior y luego camine 5,5 km hasta el punto en que la cascada **Glymur** cae 200 m desde lo alto del acantilado. Continúe por la zona de Hvalfjörður hasta retomar la carretera 1 y siga hasta **Borgarnes**. Pase una hora en el **Centro del Asentamiento** *(ver p. 83)*, aprendiendo sobre los pioneros vikingos. No se pierda los dioramas del piso inferior dedicados a la *Saga de Egil.* Cuenta con una buena cafetería para un tentempié.

TARDE

Convierta **Deildartunguhver**, el manantial de aguas termales más grande de Europa *(ver p. 48)*, en la primera parada de la tarde, seguida de un alto en **Reykholt** *(ver p. 83)*, visitando el Museo Heimskringla, la iglesia y la vieja piscina geotermal. Desde aquí, siga la carretera 518 hacia **Hraunfossar** y **Barnafoss** *(ver p. 44)*, la última de ellas protagonista de una trágica historia en que dos niños murieron en los rápidos cuando intentaban cruzar sobre un puente de lava. Son dos cascadas pequeñas y muy bonitas. En este punto puede desandar el camino (opción solo posible en verano) o seguir los caminos de grava hacia el sur vía **Kaldidalur** *(ver p. 83)* hasta Þingvellir *(ver pp. 12-13)* y volver a Reikiavik.

Ver mapa pp. 82-83 ←

Y además...

(1) Borg á Mýrum
MAPA B4

Hogar del poeta Egill Skallagrímsson, no conserva nada de su época. La estatua *Sonatorrek* (Lamento por mi hijo muerto) se inspira en un poema suyo.

(2) Eiríksstaðir
MAPA C3 ▪

Sonatorrek

Eiríksstaðir, Haukadal, 371 Búðardalur ▪ 899 7111 ▪ Horario: may-sep: 10.00-16.00 lu-do ▪ Se cobra entrada ▪ www.eiriksstadir.is

La reconstrucción de la casa del vikingo Eiríkr Þorvaldsson, apodado Erik el Rojo, y su hijo Leifur, que exploró Groenlandia y Norteamérica.

(3) Pakkhúsið
MAPA A3 ▪ Ólafsbraut, Ólafsvík ▪ 857 5050 ▪ Horario: verano: 12.00-17.00 lu-do; invierno: con cita ▪ Se cobra entrada

Este almacén de 1844 alberga un museo de tradiciones populares y una tienda, Útgerðin. Fotografías y artículos de pesca trazan la historia de la ciudad.

(4) Berserkjahraun
MAPA B3

La *Saga de Eyrbyggja* cuenta cómo a un guerrero se le prometió la mano de una joven si abría un camino en este campo de lava; sin embargo, acabada la tarea, murió asesinado.

(5) Húsafell
MAPA C4

Una pintoresca extensión de bosque y praderas al este de Reykholt, con una iglesia, una piscina termal exterior y una gasolinera que sirve a comunidad de casas de verano. Hogar del artista Páll Guðmundsson.

(6) Cueva de Víðgelmir
MAPA C4 ▪ 783 3600 ▪ www.thecave.is

La mayor y más imponente cueva de lava de Islandia, con espectaculares colores y formaciones de lava.

(7) Museo de las Tradiciones Populares de Akranes
MAPA B5 ▪ Garðaholt 3, Akranes ▪ 433 1150 ▪ Horario: med may-med sep: 10.00-17.00 lu-do; med sep-med may: con cita previa ▪ Se cobra entrada ▪ www.museum.is

Este museo se centra en las condiciones de vida pasadas de la población de la zona.

(8) Kerlingarfjall
MAPA B3

La carretera 56 a Stykkishólmur cruza Kerlingarfjall, una montaña con fama de estar habitada por el fantasma de una mujer trol que se convirtió en piedra al volver de una expedición de pesca.

(9) Iglesia de Stykkishólmur
MAPA B3 ▪ Horario: 10.00-17.00 lu-do ▪ Se cobra entrada para los recitales

Con forma de barco, esta iglesia acoge recitales de música de junio a agosto.

(10) Glanni
MAPA C4

Una bonita cascada sobre la lava negra en el río salmonero Norðurá, cerca de Bifröst.

Berserkjahraun

Dónde comer

PRECIOS
Una comida de tres platos con media
botella de vino (o equivalente), servicio
e impuestos incluidos.
....
Ⓚ menos de 5.000 ISK   ⒦⒦ 5.000-9.000 ISK
⒦⒦⒦ más de 9.000 ISK

Hótel Búðir

1 **Viðvík**
MAPA A3 ■ Hellissandur 360
■ 436 1026 ■ ⒦⒦
Con unas vistas espectaculares del
glaciar Snæfellsjökull y el océano,
este restaurante tiene una excelente
carta que se actualiza por temporadas. Pruebe el bizcocho de langostinos y los platos de bacalao.

2 **Hótel Hamar**
MAPA B4 ■ ⒦
El Hótel Hamar *(ver p. 130)* ofrece un
menú *gourmet* que incluye el pescado
del día. El restaurante tiene bonitas
vistas del fiordo Borgarfjörður.

3 **Centro del Asentamiento**
MAPA B4 ■ Brákarbraut 13–15,
Borgarnes ■ 437 1600 ■ ⒦
Es un lugar estupendo para disfrutar
de una comida económica. Podrá elegir entre su menú a la carta o el bufé
de mediodía, con una variedad de ensaladas, pasta y pan recién hecho.

4 **N1**
MAPA B4 ■ Brúartorg,
Borgarnes ■ ⒦
Alternativa muy popular a la siempre
concurrida cantina de la gasolinera
del mismo nombre, N1, es un buen
lugar para tomarse un sándwich rápido o un trozo de pizza durante el
día.

5 **Fosshótel Reykholt**
MAPA C4 ■ 320 Reykholt
■ 435 1260 ■ www.fosshotel.is ■ ⒦
De los mejores lugares de Reykholt,
el restaurante de este hotel ofrece
platos como el cordero a fuego lento
con lombarda y pasta *tagliatelle* con
frutos secos tostados. Los postres
son también excelentes.

6 **Hótel Búðir**
MAPA A4 ■ ⒦⒦
El restaurante de este hotel *(ver
p. 130)* sirve cordero fresco y marisco
en un entorno elegante. Cuenta con
vinos europeos.

7 **Hótel Glymur**
MAPA C3 ■ Hvalfjörður ■ 430
3100 ■ www.hotelglymur.is ■ ⒦
Estupendo refugio con un logrado
menú: *carpaccio* de buey, trucha
salteada y helados caseros. Su
cafetería sirve sabrosos refrigerios.

8 **Fjöruhúsið**
MAPA A4 ■ Hellnar,
Snæfellsnes ■ 435 6844 ■ Cerrado
dic-may ■ ⒦
Pequeño café con comida a buen
precio, famoso por sus sopas
de pescado, café y tartas.

9 **Bjargarsteinn**
MAPA B3 ■ Sólvellir 15,
Grundarfjörður ■ 438 6770 ■ Cerrado
mediodía ■ www.bjargarsteinn.is ■ ⒦
Un restaurante familiar con vistas a
la imponente montaña Krikjufell.
Combina platos tradicionales y contemporáneos, como el popular pescado del día. Emplea ingredientes
frescos y de temporada.

10 **Narfeyrarstofa**
MAPA B3 ■ Aðalgata 3,
Stykkishólmur ■ 438 1119
■ www.narfeyrarstofa.is ■ ⒦⒦
Dentro de un viejo edificio de madera,
con un pequeño comedor. Pruebe las
vieiras de la bahía de Breiðarfjörður,
fritas con mantequilla, ajo y chile y
servidas con cebada islandesa.

Ver mapa pp. 82-83 ←

🔟 Fiordos Occidentales

Existe grandiosidad en las altas montañas, el mar azul y la escarpada costa de los Fiordos Occidentales, en el extremo noroeste de Islandia. La falta de infraestructuras, salvo en Ísafjörður, la única ciudad importante, ha hecho que las condiciones de vida en las dispersas poblaciones de la región sean muy duras. Los atractivos de la zona se hallan sobre todo en la costa oeste, entre los acantilados de Látrabjarg e Ísafjörður. La costa este de Strandir ofrece vistas del interior, salpicado de mesetas nevadas. La zona es más accesible en verano, cuando las carreteras están abiertas y se puede ir en coche o autobús desde Reikiavik. También se puede volar a sitios como Ísafjörður, y desplazarse luego por carretera.

Piscina geotermal, Flókalundur

FIORDOS OCCIDENTALES

Flores silvestres cerca de Patreskfjörður

1 Patreksfjörður
MAPA A2

En este pueblo pesquero en la carretera 62, cuyo nombre se debe a san Patricio, comenzó la industria pesquera de arrastre a principios del siglo XX. También es famoso por los ataques a balleneros vascos a principios del siglo XVII. Además, es el último lugar para abastecerse de provisiones y gasolina si va a Látrabjarg o la playa de Breiðavik *(ver pp. 28-29)*, al final de la carretera 612.

1 **Imprescindible**
ver pp. 89-91

1 **Dónde comer**
ver p. 93

1 **Y además...**
ver p. 92

2 Flókalundur
MAPA B2 ■ Reserva Natural de Vatnsfjörður: www.ust.is

Flókalundur (bosque de Flóki) es una zona de la costa sur en la carretera 62, que debe su nombre al vikingo Flóki Vilgerðarson. Tras pasar un invierno aquí hacia el 860 d. C. y ascender el cercano Lómfell, vio el fiordo helado y le dio ese nombre *Tierra de Hielo*. Sus humedales, bosques y tierras basálticas son ahora la Reserva Natural de Vatnsfjörur. Se puede explorar usando el hotel Flókalundur *(ver p. 93)* como base.

3 Rauðasandur
MAPA A3

Esta playa color canela de la península más suroccidental de los Fiordos Occidentales, a lo largo de la carretera sin asfaltar 614, recibe la visita de las focas. Escúas árticos anidan en las praderas que se extienden tras el cordón litoral. A 5 km al este de la playa se encuentran las ruinas de la granja Sjöundá. La novela de Gunnar Gunnarsson, *Svartfugl* (*El pájaro negro*) está ambientada en un doble asesinato que ocurrió allí en 1802.

4 Acantilados de Látrabjarg

Uno de los lugares más impresionantes de Islandia. Millones de aves marinas crían aquí en verano, con el ruido y la pestilencia subsecuentes *(ver pp. 28-29)*. El espectacular paisaje, las playas desiertas y las construcciones abandonadas recuerdan las duras condiciones de la vida rural. Servicio de autobuses locales en verano.

Acantilados de Látrabjarg

⑤ Museo de la Brujería y la Hechicería de Hólmavík

MAPA C2 ▪ Höfðagata 8, 510 Hólmavík ▪ 897 6525 ▪ Horario: verano: 10.00-18.00 lu-do; invierno: 12.00-18.00 lu-vi, 13.00-18.00 sá-do ▪ Se cobra entrada ▪ www.galdrasyning.is

Situada en la costa sureste de los Fiordos Occidentales, Hólmavík tiene un Museo de la Brujería y la Hechicería que ilustra la afición de la población local por las malas artes –durante el siglo XVII, 20 personas (solo una mujer) fueron quemadas en la pira–. El museo muestra maquetas y abalorios y también gestiona la Cabaña del Brujo, a 28 km, donde se explica la vida cotidiana en la zona en el siglo XVII. Se puede comer en el restaurante, Galdur.

⑥ Hrafnseyri

MAPA B2 ▪ 456 8260 ▪ Horario: jun-8 sep: 11.00-18.00 lu-do ▪ www.hrafnseyri.is

En este lugar nació Jón Sigurðsson (1811-1879), que luchó por la independencia frente a Dinamarca. Una fascinante exposición en este museo en Hrafnseyri narra su vida. Al lado hay una granja (también del museo) que es una réplica de su casa y hoy alberga una pequeña cafetería con delicioso café y tartas. Cerca hay una pequeña iglesia que data de 1886. No se pierda la cascada Dynjandi, 22 km al sur.

MADERA LLEGADA DEL MAR

Islandia siempre ha contado con poca madera propia para construir barcos y casas, lo que hizo que desde tiempos vikingos la madera de deriva fuese muy apreciada. Por fortuna, llega mucha al país, sobre todo a la costa pedregosa de Strandir en los Fiordos Occidentales, cuyas playas a menudo muestran montones de troncos que han llegado flotando desde Siberia.

⑦ Centro del Zorro Ártico de Súðavík

MAPA B2 ▪ Eyrardal, Súðavík ▪ 456 4922 ▪ Horario: may y sep: 9.00-15.30 lu-do (jun-ago: hasta 18.00) ▪ Se cobra entrada ▪ www.arcticfoxcenter.com

El único mamífero que poblaba originariamente Islandia era el zorro ártico, que posiblemente llegó flotando desde Groenlandia sobre bloques de hielo. Más pequeño que el zorro rojo europeo, puede mostrar una piel marrón durante todo el año, o una gris en verano y blanca en invierno. El Centro del Zorro Ártico, a 20 km de la costa desde Ísafjörður, en la granja Eyrardalur, estudia su biología y su relación con el hombre.

Excursionistas admirando la cascada Dynjandi, al sur de Hrafnseyri

⑧ Ísafjörður

MAPA B2 ▪ Oficina de turismo: 450 8060; www.isafjordur.is ▪ Museo Marítimo de los Fiordos Occidentales: Tumhús, Suðurgata, Ísafjörður; 456 3291; fin may-fin ago: 10.00-17.00 lu-do; se cobra entrada; www.nedsti.is

Principal ciudad de la región, Ísafjörður es un conjunto de callejuelas y viejos edificios. Entre ellas destaca Tumhús, que alberga el Museo Marítimo de los Fiordos Occidentales (ver p. 43). Más allá de los fiordos de Ísafjarðardjúp, la península de Hornstrandir es un desafío senderista. En verano, servicio de barcos hasta aquí y hasta la pequeña isla Vigur (ver p. 70).

Casas tradicionales, Ísafjörður

⑨ Norðurfjörður

MAPA C2

Al final de la 643, subiendo por la costa de Strandir, Norðurfjörður es pequeña pero su paisaje hace que valga la pena el viaje por carreteras de grava. Esta romántica ciudad tiene a su espalda los 646 m del monte Krossnesfjall y enfrente la bahía de Norðurfjörður. A unos 4 km está Krossneslaug, una piscina junto al mar alimentada por un manantial.

⑩ Drangajökull

MAPA B2

El único casquete polar de la zona se asienta sobre un altiplano. En el siglo XVIII cubría las granjas locales, pero ha disminuido. La carretera 635 lleva a Kaldalón (ver p. 92), un pequeño fiordo con vistas a Drangajökull. Desde aquí, hay una hora de camino hacia Kaldalónsjökull, un glaciar que desciende del casquete mayor.

UN DÍA EN LOS FIORDOS OCCIDENTALES

▶ MAÑANA

Llegue a **Brjánslækur** en ferri desde Stykkishólmur, en la península de Snæfellsnes (ver p. 83), y conduzca hacia el norte por la carretera 62 hasta **Flókalundur** (ver p. 89). Eche gasolina y compre algo para comer antes de tomar la carretera 60. Esta carretera de grava en buen estado sube hasta la meseta Dynjandisheiði y luego desciende bruscamente hasta la costa y la imponente cascada **Dynjandi** (ver p. 45), un estupendo lugar para estirar las piernas y explorar los distintos niveles de la cascada (mejor luz por la tarde). La pradera a los pies de la cascada es perfecta para un pícnic.

TARDE

Deje la cascada Dynjandi, recorra la bahía hasta **Hrafnseyri**, lugar de nacimiento de Jón Sigurðsson (ver p. 37), y deténgase en el museo dedicado a este patriota islandés. Desde aquí hay unos 65 km hasta **Ísafjörður** vía **Þingeyri** (la ciudad comercial más antigua de los Fiordos Occidentales), dos pasos de montaña y un largo túnel de un solo carril –aunque cuenta con plataformas de emergencia, nunca suele haber mucho tráfico–. Una vez en Ísafjörður, busque su hospedaje y luego visite el **Museo Marítimo de los Fiordos Occidentales** (ver p. 43), dentro de la antigua Turnhús, o dedíquese a pasear por el puerto, donde podrá ver a los patos marinos. El cercano **Hótel Ísafjörður** (ver p. 93) es un lugar perfecto para disfrutar de una estupenda cena.

Ver mapa pp. 88-89 ←

Y además...

La agreste costa de Djúpavík

1 Djúpavík
MAPA C2
La salvaje y hermosa Djúpavík, en mitad de la costa de Strandir, está dominada por un pecio de hace un siglo y una fábrica procesadora de arenques, que alberga exposiciones en verano.

2 Reiðskörð
MAPA A3
La carretera 62 pasa junto a este elevado dique volcánico en Barðaströnd, la bahía que se extiende al sur de los Fiordos occidentales.

3 Selárdalur
MAPA A2 ■ Arnarfjörður
El artista autodidacta Samúel Jónsson (1884-1969) vivió en este aislado valle al final de la carretera 619, dejando tras de si una original variedad de esculturas y construcciones.

4 Skrúður
MAPA A2 ■ Núpur
Situado al los pies de un valle, en la carretera 624, el jardín botánico más antiguo de Islandia fue fundado como escuela de jardinería en 1909 por el reverendo Sigtryggur Guðlaugsson.

5 Bolungarvík
MAPA B1 ■ Museo Marítimo de Ósvör: 892 5744, 456 7005; abre previa cita; www.osvor.is
Este puerto pesquero es el segundo en tamaño de los Fiordos Occidentales. Además de ofrecer algunas buenas opciones de senderismo, la localidad alberga el Museo Marítimo de Ósvör, con una réplica de un barco pesquero tradicional.

6 Pennugil
MAPA B2
Este estrecho cañón en el río Penná se encuentra a 30 minutos a pie desde Flókalundur. Su manantial alimentado por un río lo convierte en un agradable enclave para bañarse.

7 Reykjanes
MAPA B2
El pequeño pueblo de Reykjanes tiene una piscina termal y una sauna.

8 Kaldalón
MAPA B2
Kaldalón (laguna fría) está alimentada por el glaciar Drangajökull (ver p. 91). Inspiró al músico local Sigvaldi Stéfansson (1881-1946) para tomar el nombre de Kaldalóns.

9 Hælavíkurbjarg
MAPA B1
Este acantilado de 258 m de altura entre los islotes de Hælavík y Hornvík solo es accesible en barco. Una de las principales colonias de aves, junto con Látrabjarg y Hornbjarg.

10 Hvallátur
MAPA A2 ■ www.breidavik.is
El asentamiento más occidental de Islandia comprende una granja y un hotel en la playa de Breiðavík. Jugó un papel fundamental en el rescate del Dhoon en 1947 (ver p. 29).

Dónde comer

PRECIOS
Una comida de tres platos con media botella de vino (o equivalente), servicio e impuestos incluidos.
....
Ⓚ menos de 5.000 ISK ⓀⓀ 5.000-9.000 ISK
ⓀⓀⓀ más de 9.000 ISK

1 **Hótel Djúpavík**
MAPA C2 ▪ Djúpavík, Strandir ▪ 451 4037 ▪ www.djupavik.com ▪ ⒦⒦
Este hotel con trato amable y fantástica ubicación sirve sabrosa cocina casera en un acogedor comedor con vigas de madera. Pruebe el bacalao frito, servido con arroz y ensalada.

2 **Einarshúsið**
MAPA B1 ▪ Hafnargötu 41, Bolungarvík ▪ 456 7901 ▪ ⒦⒦
Situado en Bolungarvík, un pequeño pueblo de pescadores, este restaurante está emplazado en un bonito edificio histórico. Está especializado en platos islandeses de marisco, incluido un bufé por la noche con variedad de pescado fresco de la zona.

3 **Hamraborg Snack Bar**
MAPA B2 ▪ Hafnarstræti 7, Ísafjörður ▪ 456 3166 ▪ ⒦
Este restaurante sirve hamburguesas, sándwiches, pizza y *pylsur* (perritos calientes) con *remoulade*, cebolla y salsa de tomate.

4 **Hótel Flókalundur**
Pequeño restaurante de hotel que ofrece buenas opciones a mediodía (incluido un plato del día) o para picar algo. Por la noche se cena a la carta, que incluye marisco y gamo. Sirve vino y cerveza.

5 **Hótel Laugarhóll**
MAPA B3 ▪ Strandir, Bjarnarfjörður ▪ 451 3380 ▪ www.laugarholl.is ▪ ⒦⒦
Un agradable hotel en un maravilloso entorno con piscina termal y rutas de senderismo cercanas. Su excelente restaurante ofrece menús fijos.

6 **Hótel Bjarkalundur**
MAPA B3 ▪ Reykhólahreppi ▪ 894 1295 ▪ ⒦⒦
Acogedor restaurante que sirve platos típicos islandeses cocinados con ingredientes frescos locales.

7 **Café Riis**
MAPA C2 ▪ Hafnarbraut 39, Hólmavík ▪ 451 3567 ▪ Cerrado sep-may ▪ ⒦
El mejor restaurante de la costa de Strandir sirve pechuga de pollo salteada, trucha a la brasa, cordero, pizzas, hamburguesas y tartas.

8 **Hótel Ísafjörður**
MAPA B2 ▪ 456 3360 ▪ ⒦⒦
El restaurante del hotel *(ver p. 130)*, Við Pollinn, de decoración nórdica, ofrece sabrosa pesca del día, cordero a la parrilla y sopa de marisco.

Comedor del Hótel Ísafjörður

9 **Simbahöllin**
MAPA B2 ▪ Fjarðargata 5, 470 Þingeyri ▪ 899 6659 ▪ Cerrado oct-may ▪ www.simbahollin.is ▪ ⒦
Encantador café en una vieja tienda de alimentación, con estupendo café, sopas, guisos y una versión local de los gofres belgas. Los dueños ofrecen excursiones a caballo y alquilan bicis.

10 **Tjöruhúsið**
MAPA B2 ▪ Neðstakaupstað, 400 Ísafjörður ▪ 456 4419 ▪ ⒦⒦
Situado frente al mar Tjöruhúsið *(ver pp. 62-63)* es un excelente restaurante de marisco. No tienen carta y sirven la pesca del día. Los menores de 14 años cenan gratis.

Ver mapa pp. 88-89 ←

TOP 10 Norte de Islandia

La bonita Rauðhólar

Con sus paisajes y su rica vida salvaje, el norte de Islandia merecería un viaje de una semana por sí solo. Está la agradable capital de la región, Akureyri, junto a un fiordo y llena de viejos edificios; el apacible encanto de Húsavík, con sus museos singulares y sus cruceros para ver las ballenas. La belleza natural se encuentra en el impresionante cañón Jökulsárfljúfur, las interminables cascadas y el lago volcánico Mývatn. Se le suman innumerables granjas antiguas, iglesias y lugares vinculados a sagas –como Hólar–, muy ligados a la historia y la cultura islandesa. Casi todos los puntos de interés son muy accesibles, ya que se encuentran junto a la carretera 1 o se comunican fácilmente con ella. La carretera Arctic Coast Way lleva a los lugares más remotos.

NORTE DE ISLANDIA

1 Imprescindible
ver pp. 95-97

1 Dónde comer
ver p. 99

1 Y además...
ver p. 98

0 km 20

Edificios antiguos, plaza pública de Sauðárkrókur

1 Blönduós
MAPA D2

Los muros de su iglesia se alzan de forma abrupta, imitando las montañas. En su bahía se realizan excursiones en barco para ver focas y aves marinas. 15 km al oeste, en Vatnasdalshólar, unos montículos causados por un terremoto fueron escenario de la última ejecución celebrada en Islandia (1830).

2 Sauðárkrókur
MAPA D2 ▪ Excursiones en barco Drangey con Viggó Jónsson; 821 0090; abierto may-ago; www.drangey.net

El Sauðárkrókur reside en los antiguos edificios que rodean la plaza pública, sobre todo la iglesia y el hotel Tindastóll (ver p. 133), con fama de estar encantado. La costa de la zona está vinculada a la *Saga de Grettir:* Grettislaug, una piscina termal junto al mar, es el lugar donde Grettir se recuperó tras llegar nadando desde la isla Drangey (ver p. 71) con brasas para prender su fuego.

3 Hraun í Öxnadalur
MAPA E2

Esta granja en el profundo valle de Öxnadalur es famosa por ser el lugar de nacimiento del poeta y biólogo Jónas Hallgrímsson (1807-1845). Sus románticos versos alabando el paisaje provocaron que los islandeses, que en su mayoría vivían en casas con techo de turba, comenzaran a estar orgullosos de su país.

4 Grímsey
MAPA E1 ▪ Vuelos diarios desde Akureyri jul-med ago: cuatro veces a la semana; resto del año: tres veces a la semana. Barcos desde Dalvík med ene-may y sep: cuatro veces a la semana; jun-ago: cinco veces a la semana ▪ www.grimsey.is/en

Única parte de Islandia dentro del Círculo Polar Ártico (ver p. 71), Grímsey está a 40 km al norte de la costa y tan solo mide 3 km de largo, con la pequeña Sandvík, su único asentamiento, en el sur. Al norte, sus acantilados se llenan de aves marinas que acuden a criar en verano.

(5) Akureyri

MAPA E2 ■ **Akureyrarkirkja: við Eyrarlandsveg 600; www. akureyrarkirkja.is**

La población más grande de Islandia después de Reikiavik, con una población de más de 19.000 personas,

Akureyri es una ciudad relajada con un bonito puerto, tiendas, cafés y restaurantes. Emergiendo sobre los demás edificios se alza Akureyrarkirkja, una pintoresca iglesia con vidrieras e imágenes de islandeses famosos. No se pierda los jardines botánicos, con plantas autóctonas e importadas; la piscina de Akureyri, con sus aguas termales y sus *jacuzzis*, o el Museo de Arte de Akureyri en el centro de la ciudad.

Vidriera de Akureyrarkirkja

(6) Hólar

MAPA D2 ■ **Oficina de turismo: 455 6333; jun-ago: 10.00-22.00 lu-do** ■ **www.visitholar.is**

Más conocida como Hólar í Hajaltadal, fue uno de los más importantes asentamientos del norte de Islandia gracias al monasterio y a la escuela religiosa fundados en 1106 por el obispo Jón Ögmundsson, que atraían a alumnos y

> ### SAGA DE GRETTIR
>
> La *Saga de Grettir* cuenta la vida de Grettir Ásmundarson, un fiero guerrero que realizó grande hazañas al servicio de otros, pero que fue perseguido por un *draugur* o espíritu malvado. Acabó sus días como forajido en la isla de Drangey *(ver p. 71)*, donde fue asesinado.

monjes de toda Europa. Estas instituciones sobrevivieron a la Reforma –que trajo la ejecución del último obispo católico de Hólar, Jón Arason– y hoy la catedral *(ver p. 39)* y el colegio especializado en acuacultura, turismo rural y ciencias equinas son algunos de los edificios que permanecen.

(7) Húsavík

MAPA E2 ■ **Excursiones para ver ballenas: www.salkawhalewatching.is, www.gentlegiants.is y www. northsailing.is** ■ **Museo de la Ballena: Hafnarstétt 1, Húsavík; 414 2800; los horarios varían, consultar la web; se cobra entrada; www.whalemuseum.is**

Húsavik es la capital de las ballenas y entre marzo y diciembre hay excursiones diarias para verlas. No hay que perderse el Museo de la Ballena. La costa ofrece paseos a lo largo de sus promontorios y playas desde donde se divisan focas. Húsavík, cuna de los candidatos a Eurovisión Lars y Sigrit, sale en la película *Canción de Eurovisión: La historia de Fire Saga (2020)*.

Ballena saltando junto a la costa de Húsavík

8 **Lago Mývatn**

Ascender conos de ceniza, hacer senderismo por grandes extensiones de lava solidificada, bañarse en piscinas termales al aire libre, ver pozas de barro humeante, hacer una excursión a los áridos desiertos del interior o simplemente pasar un rato viendo aves, es parte de lo que ofrece el lago Mývatn *(ver pp. 20-21)*. Aunque muchos de los puntos de interés están en sus orillas, hace falta un vehículo para alcanzar los más alejados, que incluyen el cráter anegado del volcán conocido como *Infierno*.

Cascada Dettifoss

9 **Dettifoss**
MAPA F2

Las cascadas de Dettifoss, de las más espectaculares de Islandia, son testimonio del poder de la naturaleza. Hay dos de ellas cerca: corriente arriba está la más pequeña pero no menos espectacular Selfoss, mientras que río abajo se encuentra Hafragilsfoss, una espléndida cascada, con un mirador en el propio cañón Jökulsárgljúfur.

10 **Jökulsárgljúfur**
MAPA F2

Situado en el segmento norte del gran Parque Nacional de Vatnajökull *(ver pp. 24-25)*, este cañón es ideal para el senderismo, ya sea por la cima de la garganta o atajando a través de un terreno lleno de flores y aves silvestres. Los enclaves a lo largo del camino incluyen las formaciones rojas de Rauðhólar, las columnas hexagonales de basalto de Hljóðaklettar, los manantiales de Hólmatungur y Dettifoss *(ver p. 44)*.

UN DÍA EN LA ZONA DEL LAGO MÝVATN

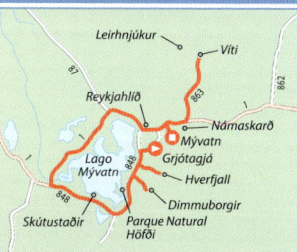

▶ MAÑANA

Comience pronto y podrá visitar casi todos los puntos destacados del **lago Mývatn** *(ver pp. 20-21)* en un largo día de verano. Empiece con las piscinas termales subterráneas de **Grjótafjá**, luego siga hacia el sur hasta las pendientes negras de **Hverfjall** *(ver p. 21)*, recorriendo el circuito de la cresta para tener magníficas vistas de toda la zona. De nuevo abajo, **Dimmuborgir** *(ver p. 20)* ofrece un extraordinario laberinto de esculturas naturales de lava (intente descubrir a los gerifaltes que anidan en las rocas), a un corto paseo en coche hasta la orilla del lago en el Parque Natural Höfði, donde encontrará numerosas especies de aves acuáticas, incluyendo porrones y serretas. Siga la carretera por la orilla en dirección sur hasta Skútustaðir, con varios pseudocráteres cubiertos de hierba.

TARDE

Dependiendo de cuánto haya avanzado, puede comer en un café de Dimmuborgir o Skútustaðir, o seguir el circuito del lago hasta el Gamli Bærinn en Reykjahlíð. Vaya al este hasta los pozos de barro de **Námaskarð** *(ver p. 21)*, en un páramo lleno de vapor. Una amplia carretera sale desde aquí hacia el norte, vía la central eléctrica de Leirbotn, donde el volcán Víti señorea sobre **Leirhnjúkur**, una extensión de lava humeante que se depositó en la década de 1980 –y que hay que recorrer extremando las precauciones–. De regreso a casa, termine la jornada con un baño en las **piscinas naturales de Mývatn** *(ver p. 21)*.

Ver mapa pp. 94-95

Y además...

Cascada Goðafoss

① Goðafoss
Esta cascada *(ver p. 45)* debe su nombre a hechos ocurridos durante la introducción del cristianismo en el 1000 d. C.

② Glaumbær
MAPA D2 ■ Glaumbær, 561 Varmahlíð ■ 453 6173 ■ Horario: med may-med sep: 9.00-18.00 lu-do; abr-med may y med sep-med oct: 10.00-16.00 lu-vi (con cita med oct-mar: lu-vi) ■ Se cobra entrada ■ www.glaumbaer.is
Granja con tejado de turba construida entre 1750 y 1879. El uso de vigas de madera importadas revela el poder económico de la familia.

③ Hofsós
MAPA C4
Visite el Centro de la Emigración Islandesa *(ver p. 42)*, uno de los edificios de madera más antiguos del país (Pakkhúsið), y la piscina *(ver p. 53)*.

④ Vaglaskógur
MAPA E2 ■ 462 4755
■ *Camping:* may-sep
Esta franja boscosa a lo largo del valle Fnjóskadalur es una popular zona de acampada, con una tienda y rutas de senderismo.

⑤ Laufás
MAPA E2 ■ 463 3196
■ Horario: may-oct ■ Se cobra entrada ■ www.minjasafnid.is
El lugar y el museo, ubicado en una granja de turba del siglo XIX, mues-

tran objetos de época. El púlpito de la iglesia es del siglo XVII.

⑥ Grenjaðarstaður
MAPA E2 ■ 464 3688
■ Horario: jun-ago: 10.00-18.00 lu-do ■ Se cobra entrada
Algunas viviendas muestran flores en sus tejados de turba. En el cementerio hay estelas talladas con runas.

⑦ Laxá í Aðaldal
El Laxá, en su salida del lago Mývatn, es un imán para el falaropo, el porrón islándico y el pato arlequín *(ver p. 21)*.

⑧ Þingeyrakirkja
MAPA C2 ■ Þingeyrar, cerca de Blönduós ■ 895 4473 ■ Horario: 10.00-17.00 lu, mi y vi-do ■ Se cobra entrada
Construida entre 1864 y 1977, esta iglesia se alza sobre arena y maleza *(ver p. 39)*. Hay recorridos con guía.

⑨ Hvítserkur
MAPA C2
Esta formación rocosa, que parece un dinosaurio de 15 m de altura bebiendo en el mar, se halla al este de la península Vatnsnes, en la carretera 711.

Formación rocosa de Hvítserkur

⑩ Tjörnes
MAPA E2
Esta península redondeada con distintas bandas de estratos está llena de bivalvos y plantas fósiles. Cerca de la granja Ytri-Tunga encontrará un lecho fósil señalizado.

Dónde comer

① Múlaberg Bistro & Bar
MAPA E2 ▪ Hafnarstræti 87–89, 600 Akureyri ▪ 460 2000 ▪ ⓀⓀ
El bistró bar del hotel KEA *(ver p. 130)* tiene una gran selección de carnes y un animado bar de copas.

② Gamli Bærinn
MAPA F2 ▪ Reykjahlíð, Mývatn ▪ 464 4170 ▪ Cerrado sep-abr ▪ Ⓚ
Este café-bar del hotel Reynihlið sirve cerveza, comidas ligeras, refrigerios, café y una magnífica sopa de cordero.

③ Vogafjos Café
MAPA F2 ▪ Vogar, 660 Mývatn ▪ 464 3800 ▪ Los horarios varían en invierno ▪ www.vogafjos.is
Este restaurante, situado en un establo (se ven las vacas a través de una pared transparente), sirve sabrosas comidas y quesos hechos con leche fresca.

④ Sjavarborg Restaurant
MAPA C3 ▪ Strandgata 1, Hvammstangi ▪ 451 3131 ▪ www.sjavarborg-restaurant.is ▪ ⓀⓀⓀ
Este restaurante en el puerto de Hvammstangi sirve una selección de platos principales, como sopa de pescado y pescado fresco.

⑤ Greifinn
MAPA E2 ▪ Glerágata 20, Akureyri ▪ 460 1600 ▪ Ⓚ
Un funcional restaurante-pizzería, con una extensa carta. Aunque tiene platos para llevar, es perfecto para sentarse y comer con tranquilidad.

⑥ Bláa Kannan
MAPA E2 ▪ Hafnarstræti 96, Akureyri ▪ 461 4600 ▪ Ⓚ
Con un inconfundible exterior de chapa ondulada pintada de azul oscuro y sus mesas ocupando la calle, es la mejor opción de la ciudad para tomar un café con un trozo de tarta mientras ve pasar a la gente.

⑦ Hótel Blanda
MAPA D2 ▪ Aðalgata 6, 540 Blönduós ▪ 452 4205 ▪ ⓀⓀ
El restaurante de este hotel ofrece comidas y cenas a base de platos de carne y pescado del día.

⑧ Gamli Baukur
MAPA E2 ▪ Harbour, Húsavík ▪ 464 2442 ▪ Cerrado med sep-med may ▪ Ⓚ
Ubicado en unos almacenes de madera con vistas al puerto, este local sirve sopas y pescado fresco a diario, todo a precios razonables.

⑨ Salka
MAPA E2 ▪ Garðarsbraut 6, Húsavík ▪ 464 2551 ▪ Ⓚ
Compitiendo con el vecino Gamli Baujur, este restaurante tiene una carta similar, pero con la ventaja de contar con un montón de mesas fuera para relajarse al sol.

⑩ Bautinn
MAPA E2 ▪ Hafnarstræti 92, Akureyri ▪ 462 1818 ▪ Ⓚ
Este restaurante sin pretensiones lleva funcionando desde 1971. Sirve una selección de pescado fresco, cordero, carnes y hamburguesas.

Exterior del restaurante Bautinn

Ver mapa pp. 94-95 ⬅

🔟 Este de Islandia

Bosque de Hallormsstaður

El este de Islandia ocupa una región de amplios valles y pantanosas mesetas que rodean el casquete polar Vatnajökull, más la escarpada costa de los Fiordos Orientales. Sus ciudades principales son Egilsstaðir, a orillas del lago Lagarfljót, y Höfn, en la ruta al Parque Nacional de Vatnajökull. Una visita a poblaciones más pequeñas, como Vopnafjörður, Borgarfjörður Eystri y Seyðisfjörður ilustra sobre la vida en la zona, y las rutas en barco llevan a la presa hidroeléctrica de Kárahnjúkar.

ESTE DE ISLANDIA

0 km — 20

Vopnafjörður ①⑧
917
Grímsstaðir
Héraðsflói
85
⑩
Borgarfjörður Eystri ⑤
⑨
△ Dyrfjöll 1.136 m ②
Jökulsá á Fjöllum
Lagarfljót
Eiðar ●
F905
② Möðrudalur
⑦④
Egilsstaðir ②⑥
Seyðisfjörður ⑥
Lagarfljót ⑨
③
Mjóifjörður ⑦
Neskaupstaður ●
Gerpir
③ Hallormsstaður
F910
④
Eskifjörður ●
F910
Lago Lagarfljót
Reyðarfjörður ●
Skriðuklaustur ①
⑧⑤
Fáskrúðsfjörður ●
⑤① Snæfell 1.833 m
Stöðvarfjörður ③
Hálslón
Breiðdalsvík ●
⑦
Djúpivogur ⑧
⑨
④ Parque Nacional de Vatnajökull
⑥
⑩
⑩ Höfn
Hornafjörður

❶	**Imprescindible**	ver pp. 101-103
①	**Dónde comer**	ver p. 105
①	**Y además...**	ver p. 104

Skriðuklaustur

Museo del Patrimonio de Islandia del Este, que muestra un *baðstofa* (sala de estar de una casa de turba), y el Centro de la Naturaleza –una hospedería dentro de un museo que enseña cómo han sobrevivido los islandeses en este entorno hostil–. El recorrido de 70 km alrededor del Lagarfljót pasa por puntos relacionados con las sagas, bosques y una de las cascadas más altas de Islandia.

① Skriðuklaustur

MAPA G3 ▪ 471 2990 ▪ Horario: abr-may y sep-oct: 11.00-17.00 lu-do; jun-ago: 10.00-18.00 lu-do; nov-mar: los horarios varían, llamar antes ▪ www.skriduklaustur.is

Esta villa perteneciente al autor Gunnar Gunnarsson (1889-1975) se encuentra en la orilla occidental de Lagartljót, cerca de la iglesia de Valþjófsstaður y de Hengifoss. La primera novela de Gunnarsson, *La familia de Borg*, se escribió aquí. La villa alberga exposiciones sobre el autor y las ruinas de un monasterio del siglo XVI en las cercanías. El café Klausturka da comidas y tiene un bufé de tartas caseras. El centro de información del Parque Nacional de Vatnajökull está en un edificio aledaño.

② Egilsstaðir

MAPA G3 ▪ Servicio de autobuses solo en verano desde Akureyri y Reikiavik vía Höfn; aeropuerto abierto todo el año ▪ Museo del Patrimonio de Islandia del Este: consultar la página web para horarios; www.minjasafn.is; se cobra entrada ▪ Centro de la Naturaleza: www.wilderness.is

Justo al este del lago Lagarfljót, los atractivos de Egilsstaðir incluyen el

③ Hallormsstaður

MAPA G3

Hallormsstaður está junto al bosque más extenso de Islandia, plantado hacia 1900 para uso recreativo y explotación maderera. Junto a la oficina forestal hay un arboreto con 40 especies de árbol, entre ellos el más alto de Islandia, un alerce de 22 m.

④ Parque Nacional de Vatnajökull

MAPA F4

Este parque nacional, uno de los más grandes de Europa, se extiende por el sur de Islandia. La mayor parte se extiende en torno al casquete polar Vatnajökull (*ver pp. 24-25*), que se prolonga por un territorio enorme del sur y el este de Islandia. Varios glaciares, cerca de Skaftafell y Höfn y accesibles desde la carretera de circunvalación, se deslizan hacia las tierras bajas, y frente a muchos de ellos se han formado lagos, creando un paisaje bastante curioso. En la zona sur de Vatnajökull se ofrecen paseos por los glaciares, rutas en moto de nieve y otras actividades.

El casquete polar Vatnajökull visto desde la laguna Jökulsárlón

Asentamiento Borgafjörður Eystri

 Borgafjörður Eystri (Bakkagerði)
MAPA H2

Parte de la diversión de visitar Borgafjörður Eystri, el asentamiento más encantador de los Fiordos del Este, es el recorrido a través de las herbosas lagunas del estuario Héraðsflói y las montañas que aíslan al pueblo. Al llegar, hallará una pequeña comunidad bajo el escarpado monte Dyrfjöll, con curiosidades como el pequeño montículo cerca de la iglesia llamado Álfaborg, hogar del hada de Islandia (según la tradición) y una colonia de frailecillos frente al puerto. Unos senderos conducen hacia el sur hasta Seyðisfjörður.

 Seyðisfjörður
MAPA H3

El encanto de Seyðisfjörður radica en su ubicación en un fiordo y en los edificios de madera del siglo XIX cercanos al puerto. Los más destacados son la iglesia, varias casas y dos

hoteles, todos ellos importados de Noruega. Una importante base naval durante la Segunda Guerra Mundial y antes un puerto pesquero de arenques, hoy Seyðisfjörður está comunicada con las islas Feroe y Dinamarca a través del ferri *Norröna*.

 Mjóifjörður
MAPA H3

Mjófjörður (fiordo estrecho), una larga y estrecha ensenada a la que se accede por la carretera de grava 953, merece el movido viaje hasta el pueblo de Brekka y el remoto faro de Dalatangi. La carretera entre la línea de costa y las montañas ofrece vistas de los torrentes y cascadas, además de la posibilidad de encontrarse con el zorro ártico.

 Vopnafjörður
MAPA G2

Si se realiza el recorrido a lo largo de la costa por la carretera 85 desde Húsavík hacia Egilsstaðir, debe reservarse al menos una hora para Vopnafjörður, un pueblo construido sobre una escarpada punta de tierra. Tiene un museo que relata los problemas de los habitantes de la zona tras la erupción de 1875 del Víti, en Askja *(ver p. 47)*. Cerca se hallan la piscina termal al aire libre de Selárdalur y la cuidada colección de viejas granjas de turba de Bustarfell *(ver p. 104)*.

Arquitectura del siglo XIX, Seyðisfjörður

⑨ Lagarfljót
MAPA G3

Lagarfljót (o Lögurinn) es una estrecha franja de un lago, con 25 km de largo y 2,5 km en su parte más ancha. Ubicado al oeste de Egilsstaðir (ver p. 101), se cuenta que en sus plácidas aguas habita un monstruo parecido a una serpiente conocido como Lagarfljót Wyrn (Lagarfljotsormurinn).

Vista panorámica de Lagarfljót

⑩ Höfn
MAPA G5 ■ **Servicio de autobuses diario a Reikiavik y en verano a Egilsstaðir; aeropuerto abierto todo el año**

Höfn se fundó como almacén en la década de 1860, y hoy es un activo puerto que sirve de base para visitar el Parque Nacional de Vatanjökull (ver pp. 24-25). Su exposición de glaciares informa sobre la zona y se pueden reservar excursiones en moto de nieve y en todoterreno por el casquete polar. La estatua de la orilla ofrece magníficas vistas del glaciar. Los senderistas no deberían perderse la reserva de Lónsöræfi.

AVIFAUNA DE HÉRAÐSFLÓI

Héraðsflói –una amplia bahía con una playa de arena negra y terrenos pantanosos junto a un sinfín de afluentes del río Jökulsá á Brú– es el lugar ideal para observar la avifauna. Busque patos marinos (incluyendo el havelda o el negrón costero), limosas, colimbos chicos e incluso alcotanes, el ave de presa más pequeño de Islandia (derecha).

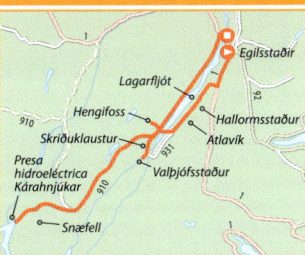

UN DÍA EN EL ESTE DE ISLANDIA

Egilsstaðir
Lagarfljót
Hengifoss
910 Hallormsstaður
Skriðuklaustur Atlavík
Presa
hidroeléctrica Valþjófsstaður
Kárahnjúkar 910
Snæfell

► MAÑANA

Antes de comenzar este recorrido de 70 km por el lago Lagarfljót y el valle de Lagarfljót, suba la colina tras la escuela Menntaskólinn en **Egilsstaðir** (ver p. 101) para una vista de la región –en días claros se puede ver hasta **Snæfell** (ver p. 104), el pico aislado más alto de Islandia–. Después, diríjase hacia el sur, saliendo de la autovía por la carretera 931, hasta ver surgir la sorprendente masa boscosa de los alrededores de **Hallormsstaður** (ver p. 101), donde podrá recorrer los senderos del arboreto de la oficina forestal o disfrutar de las vistas del lago en Atlavík. Tras dejar atrás los bosques y Atlavík, la carretera cruza el lago hasta la costa oeste de Lagarfljót, donde hay que girar a la izquierda y conducir cierta distancia hasta Skriðuklaustur (ver p. 101).

TARDE

Tras un refrigerio en el café de Skriðuklaustur y de visitar la exposición del parque nacional, continúe hacia el sur hasta la iglesia de **Valþjófsstaður** (ver p. 104) con su reproducción de puertas talladas vikingas, y luego desande el camino hasta Skriðuklaustur, desde donde la larga carretera sin fin 910 asciende durante 60 km por las tierras pantanosas que rodean Snæfell y la presa hidroeléctrica de **Káranhjúkar** (ver p. 104). Necesitará 3 horas para esta excursión de ida y vuelta, aunque también puede hacer a pie el camino de una hora que sube la colina hasta **Hengifoss** (ver p. 104). Para regresar a Egilsstaðir en coche siga la orilla oeste.

Ver mapa p. 100

Y además...

1 Snæfell
MAPA F4 ■ www.vatnajokulsth
jodgardur.is
Este aislado corazón basáltico de un
viejo volcán cubierto por un casquete
polar se alza en la esquina nororien-
tal de Vatnajökull. Solo se puede acceder en todoterreno. Refugios para
senderistas alrededor de su base.

2 Hvítserkur
MAPA H3
Espectacular montaña de riolita de
tonos naranja, rosa y gris, a lo largo
de un sendero de 10 km que sale de
Borgarfjörður Eystri. Los colores son
aún más intensos tras la lluvia.
Sendero fácil, pero hay frecuentes
cambios meteorológicos.

3 Steinasafn Petru
MAPA H4 ■ Fjarðarbraut 21,
755 Stöðvarfirði, Fiordos Orientales
■ 475 8834 ■ Horario: may-sep/oct:
9.00-18.00 lu-do ■ Se cobra entrada
Extensa colección geológica privada,
con piedras de colores, cristales y minerales encontrados principalmente
en la zona este de Islandia.

4 Hengifoss
MAPA G3
Esta cascada de 118 m es la más alta
de Islandia y cae en un salto por un
acantilado de piedra roja y negra.
En el camino a la cumbre se ven las
columnas de basalto de Litlifoss.

**5 Presa hidroeléctrica
de Kárahnjúkar**
MAPA F4
Un discutido proyecto cerró el cañón
Dimmugljúfur para obtener electricidad. La carretera cruza tierras altas
cubiertas de tundra, hogar del reno.

6 Lónsöræfi
MAPA G4
Esta zona salvaje y despoblada es rica
en gargantas, pantanos y paisajes
glaciares. Un recorrido sin señalizar
de 5 días va de Stafafell a Snæfell
cruzando esta reserva privada.

7 Eyjabakkar
MAPA G4
Las tierras altas y pantanosas de esta
región en la carretera a Kárahnjúkar
o Snæfell, son zona de cría del ganso
común y el cisne cantor; también son
habituales los renos.

8 Valþjófsstaður
MAPA G3 ■ Horario: 10.00-
17.00 lu-do
Una granja y una iglesia de tejado rojo, con la réplica de unas puertas talladas que muestran a un caballero
matando a un dragón. Las originales,
fechadas hacia el 1200, están en el
Museo Nacional de Reikiavik.

9 Djúpivogur Bulandsnes
MAPA G4 ■ www.djupivogur.is
Tres fiordos rodeados de vida salvaje
convierten esta zona
en un paraíso natural.

10 Bustarfell
MAPA G2 ■ 471
2211 ■ Horario: 1 jun-
20 sep: 10.00-17.00
lu-do ■ Se cobra
entrada
Granjas con tejado de
turba (reconstruidas
en 1770) que ocupa la
misma familia desde
1532. Hay cafetería.

Hengifoss

Dónde comer

Restaurante Nielsen, Egilsstaðir

PRECIOS
Una comida de tres platos con media botella de vino (o equivalente), servicio e impuestos incluidos.

Ⓚ menos de 5.000 ISK   ⓀⓀ 5.000-9.000 ISK
ⓀⓀⓀ más de 9.000 ISK

① **Hótel Tangi**
MAPA G2 ▪ Hafnarbyggð 17, Vopnafjörður ▪ 473 1203 ▪ ⓀⓀ
El restaurante de este hotel es el lugar más popular de Vopnafjörður, lógico teniendo en cuenta sus excelentes pizzas y pescado a la brasa.

② **Fjallakaffi**
MAPA F3 ▪ Möðrudal á Fjöllum ▪ 471 1858, 894 0758 ▪ www.fjalladyrd.is ▪ Ⓚ
Asociada con la granja más importante de Islandia (que ofrece alojamiento), a esta *cafetería en las montañas* se llega por la carretera 901, saliendo en dirección sur por la carretera 1 desde el lago Mývatn. Sirve comida tradicional, incluyendo *kjötsúpa* (sopa de cordero), *slaturterta* (pastel de cordero) y *kleina* (rosquillas).

③ **Hérað - Berjaya Iceland Hotels**
MAPA G3 ▪ Miðvangur 5-7, 700 Egilsstaðir ▪ 471 1500 ▪ Ⓚ
El filete de reno es el plato estrella del restaurante del Hérað. También ofrece platos de cordero y marisco *(ver p. 130)*.

④ **Norð Austur**
MAPA H3 ▪ Norðurgata 2, Seyðisfjörður ▪ Horario: 17.00-22.00 mi-do ▪ www.nordaustur.is ▪ ⓀⓀⓀ
El menú incluye sushi, maki con trucha alpina, salmón y bacalao, y platos pequeños como bulgogi de cordero y tempura de maíz.

⑤ **Klausturkaffi**
MAPA G3 ▪ Skriðuklaustur ▪ 471 2992 ▪ Horario: abr-med oct ▪ ⓀⓀ
Este café sirve platos islandeses, además de deliciosas comidas y un bufé de tartas a diario en verano.

⑥ **Restaurante Nielsen**
MAPA G3 ▪ Tjarnarbraut 1, Egilsstaðir ▪ 471 2001 ▪ ⓀⓀ
Este restaurante, emplazado en el edificio más antiguo de la ciudad, tiene un bonito patio. Su carta se centra en ingredientes locales, como reno y pescado de los Fiordos Orientales. Ofrece comida casera a buen precio.

⑦ **Aldan**
MAPA H3 ▪ Norðurgata 2, 710 Seyðisfjörður ▪ 472 1277 ▪ Ⓚ
Este restaurante del hotel Aldan *(ver p. 132)* es ideal para disfrutar de una comida de tres platos.

⑧ **Hótel Framtíð**
MAPA G4 ▪ Vogaland 4, 765 Djúpivogur ▪ 478 8887 ▪ ⓀⓀ
Reponga fuerzas con los platos de pescado y cordero asado con salsa de tomillo de este restaurante del Hótel Framtíð, en el puerto de Djúpivogur.

⑨ **Álfacafé**
MAPA H2 ▪ Borgafjörður Eystri ▪ 862 9802, 472 9900 ▪ Ⓚ
Ocupando una antigua fábrica de pescado cerca del puerto de Borgafjörður Eystri, Álfacafé sirve comidas ligeras y sándwiches. Robustas mesas y vajilla de piedra maciza.

⑩ **Pakkhús**
MAPA G5 ▪ Krosseyjarvegi 3, 780 Höfn í Hornafirði ▪ 478 2280 ▪ Cerrado med dic-med ene ▪ www.pakkhus.is ▪ ⓀⓀ
Pakkhús *(ver p. 62)* goza del ambiente ideal para degustar sus langostinos especiales junto al puerto.

Ver mapa p. 100 ←

TOP 10 Sur de Islandia

El sur de Islandia tiene una rica banda costera, pequeños casquetes polares, fértiles valles y un explosivo paisaje volcánico, todo ello vinculado con la historia y el folklore. La laguna Azul y el Círculo de Oro, que incluye Þingvellir, Geysir y Gullfoss, son los enclaves más icónicos de Islandia. También cuenta con el volcán Hekla, lugares vinculados a las sagas, cascadas, rutas senderistas, las preciosas islas Vestman y el tranquilo pueblo de Vík, todo accesible desde Reikiavik. Necesitará más tiempo si quiere visitar Krikjubæjarklaustur, la laguna glaciar Jökulsárlón y el Parque Nacional de Vatnajökull.

La laguna Azul

1 Parque Nacional de Þingvellir

Este valle *(ver pp. 12-13)*, Patrimonio Mundial de la Unesco, fue sede del Parlamento vikingo. Haga un alto en el centro de información para disfrutar de las vistas de la fisura y los campos de lava. No se pierda sus principales puntos de interés, como la Roca de la Ley, la iglesia de Þingvellir, el cañón Almannagjá, la cascada Öxarárfoss, el lago Þingvallavatn y el volcán Skjadbreiður.

Río Öxará, Parque Nacional de Þingvellir

SUR DE ISLANDIA

Páginas anteriores Kirkjugólf (suelo de iglesia), Kirkjubæjarklaustur

Gullfoss, la cascada más impresionante de Islandia

② Gullfoss

Gullfoss, la última parada en la excursión por el Círculo de Oro, es ensordecedora, salvo en invierno (ver pp. 18-19). Asegúrese de verla desde el mayor número de puntos de vista posible, sobre todo desde lo alto del cañón, donde podrá ver el recorrido del río Hvítá desde el árido interior hasta el norte.

③ Geysir

Resulta increíble encontrarse un fenómeno tan salvaje como los chorros hirvientes del Geysir erupcionando al borde de la carretera. A solo 90 km de la capital, Geysir cuenta con un hotel, una gasolinera y una oficina de turismo. El principal géiser es Strokkur, que entra en erupción cada pocos minutos. El propio Geysir, ya no es particularmente activo, solo los afortunados logran verlo erupcionar. Todo el enclave está rodeado por una serie de piscinas de agua caliente más pequeñas, cada una con su propia personalidad (ver pp. 16-17).

④ Laguna Azul

El extremo suroccidental de Islandia, la península de Reykjanes, está casi totalmente cubierto por áridos campos de lava, lo que hace aún más sorprendente la presencia de la laguna Azul (ver pp. 14-15). El baño en sus aguas es una experiencia incomparable y su limo blanco tiene fama de ser beneficioso para la salud.

⑤ Þjórsárdalur

MAPA D5 ▪ Los dos accesos por carretera están sujetos a posibles cierres ▪ Þjóðveldisbærinn: jun-ago: 10.00-18.00 lu-do; www.thjodveldisbaer.is ▪ Þjórsárdalslaug: ver www.swimminginiceland.com para información actualizada ▪ Se cobra entrada

Þjórsárdalur es un amplio e inhóspito valle tallado por la erupción de 1102 del volcán Hekla (ver p. 46), situado a solo una cresta montañosa de distancia al este. La erupción sepultó una casa comunal vikinga en lo alto del valle, en Stöng, que ha sido excavada y que ahora está abierta al público; además, hay una reconstrucción completa en la cercana Þjóðveldisbærinn. El pequeño pueblo de Árnes tiene una piscina cerca del centro de información de Þjórsárstofa.

Hamarinn
1.573 m

Grímsvötn
1.719 m

Vatnajökull

Jökulsárlón

Skaftafell ●

⑩

Lómagnúpur

Kirkjubæjarklaustur

Fagurhólsmýri

⑨

① Imprescindible
ver pp. 108-111

① Dónde comer
ver p. 113

① Y además...
ver p. 112

(6) Fljótshlíð

MAPA D5 ▪ Centro de la Saga: jun-med sep: 9.00-18.00 lu-do; se cobra entrada; www.sagatrail.is

Para llegar al río Markarfljót, tome la carretera 1 hasta Hvolsvöllur –donde podrá visitar el excelente Centro de la Saga– y luego siga 30 km por la carretera 261 este. Esta zona es el escenario de momentos clave de la *Saga de Njál*, incluyendo la granja Völlur, donde comienza la historia, y Hlíðarendi, hogar de Gunnar Hámundarson. Actualmente existe una iglesia sobre la colina en Hlíðarendi, desde la que se puede ver el mar al fondo del valle, con hitos como el promontorio rocoso Stóri-Dímon.

SAGA DE NJÁL

Esta saga es una fascinante narración de la contienda de 50 años que gira en torno a la familia de Njáll Þorgeirsson, en la que las malvadas intrigas de Mörð Valgarðsson provocan la muerte tanto de Njáll como de su amigo Gunnar Hámundarson. La dureza de la acción aparece suavizada por un humor socarrón y las frescas descripciones de la vida cotidiana en tiempos vikingos.

(7) Vestmannaeyjar

MAPA C6 ▪ Ferri diario desde Landeyjahöfn (desde Þorlákshöfn con mal tiempo), vuelos desde Reikiavik y Bakki

Las islas Vestman son una serie de afloramientos volcánicos junto a la costa sur, que incluyen una de las islas más recientes del mundo, Surtsey. Heimaey, la más grande y la única habitada del grupo, es famosa por la erupción del Eldfell en 1973, que enterró parcialmente la ciudad y casi acaba con su industria pesquera. Los visitantes pueden ascender las aún humeantes laderas del Eldfell o rodear la costa en medio día. El Museo Eldheimar ofrece exposiciones sobre las erupciones de Heimaey y Surtsey. Otra atracción es el festival anual de Þjóðhátíð *(ver p. 68)*.

(8) Vík

MAPA D6

Vík, una tranquila comunidad frente al mar de unos 300 habitantes, se extiende bajo los acantilados de Reynisfjall y tiene una espectacular playa de arena negra, vistas del desierto de lava de Mýrdalssandur, bulliciosas colonias de aves y algunas rocas negras surgiendo del mar conocidas como las rocas Trol. Skógar y su cascada, Skógafoss *(ver p. 45)*, están a 30 minutos carretera arriba, y hacia el oeste se tienen

Vista desde lo alto del volcán Eldfell, Vestmannaeyjar

mejores vistas del mar en Reynisfjall y Dyrhólaey (ver p. 50). Hay varios recorridos de senderismo.

 Kirkjubæjarklaustur
MAPA E5

Esta pequeña ciudad junto a la autopista está rodeada por pseudocráteres y unos pavimentos de lava hexagonal conocidos como kirkjugólf (suelo de iglesia), y desde ella se accede en verano a los cráteres Lakagígar (ver p. 46). Hacia el este está Skaftafell, en el Parque Nacional de Vatnajökull (ver pp. 24-25), a una hora en coche por el desierto de arenas negras de Skeiðarársandur. A unos 11 km al sur de Kirkjubæjarklaustur se encuentra Fjaðrárgljúfur, un cañón que se cree que se formó durante la última Edad de Hielo.

Icebergs en Jökulsárlón

 Jökulsárlón
MAPA G5

Esta es una parada esencial en el largo camino entre Vík y Höfn. Los icebergs, lenguas glaciares y aguas turbulentas de Jökulsárlón –por no mencionar la original estampa de los bloques de hielo en la playa– rompen la monotonía de la cruda extensión de grava negra que recorre la línea costera (ver pp. 32-33). Las focas son las protagonistas de la vida animal, aunque también se pueden observar variedad de aves. En verano se ofrecen excursiones de media hora en barco por la laguna.

UN DÍA EN EL SUR DE ISLANDIA

▶ **MAÑANA**

Comience el clásico recorrido Círculo de Oro dirigiéndose al noreste desde Reikiavik por la carretera 36, manteniéndose atento para ver de camino la rectangular casa blanca de dos pisos del autor y premio Nobel Halldór Laxness. Tras pasar la extensión azul de Þingvallavatn (ver pp. 12-13) se llega al valle de Þingvellir, donde podrá pasar una hora –o el día entero– disfrutando de la historia y los paisajes del corazón cultural de Islandia. Cruce la cresta y tome la carretera 365 hasta **Laugarvatn** (ver p. 59), donde podrá parar y darse un baño en la Escuela Nacional de Deportes, antes de seguir avanzando por las carreteras 37 y 35 hasta los espectaculares saltos de agua de **Geysir** (ver pp. 16-17) y **Gullfoss** (ver pp. 18-19).

TARDE

Puede comer en el **Hótel Geysir** (ver p. 113) o tomar algo más sencillo en la cafetería del centro de información de Gullfoss, que ofrece una estupenda sopa de cordero. Siga después la carretera 35 hacia el suroeste hasta **Skálholt** (ver p. 39), obispado y centro educativo desde el siglo XI. La carretera 35 continúa hacia el suroeste desde Skálholt, pasando el cráter **Kerið** (ver p. 112) y llegando a Selfoss, ciudad junto al río Ölfusá, cuyo puente causó la primera huelga del país. La autovía regresa a Reikiavik a través de los invernaderos de **Hveragerði** (ver p. 112), conocidos por sus flores y verduras. También se puede hacer un desvío por la costa y ver los pueblos de **Stokkseyri** y **Eyrarbakki** (ver p. 112).

Ver mapa pp. 108-109

Y además...

(1) Mýrdalsjökull
MAPA D6 ▪ www.mountain guides.is ▪ www.arcanum.is
Este casquete polar cubre el tristemente célebre volcán Katla *(ver p. 47)*. Se puede acceder a la lengua glaciar inferior, Sólheimajökull, por la carretera 1. Desde ahí se puede recorrer el glaciar a pie, en piragua o en moto de nieve.

(2) Kerið
MAPA C5
En días soleados es cuando mejor se aprecian, en contraste con el agua, las laderas rojas y negras de este profundo cráter al norte de Selfoss.

(3) Seljavallalaug
MAPA D6 ▪ Seljavellir
Remójese en esta piscina termal al aire libre, rodeado de volcanes y preciosos glaciares. Es también la piscina más antigua de Islandia.

(4) Inside the Volcano
MAPA C5 ▪ Horario: med maymed oct ▪ Duración de la excursión: 5-6 horas ▪ Se cobra entrada ▪ www.insidethevolcano.com
Disfrute de una experiencia única descendiendo 120 m por un volcán extinto dentro de una jaula abierta.

La jaula de Inside the Volcano

(5) Leirubakki
MAPA D5 ▪ Carretera 26 ▪ 487 8700 ▪ Servicio de autobuses en verano entre Reikiavik y Landmannalaugar ▪ www.leirubakki.is
Granja y hotel cerca del monte Hekla, con un museo del volcán y una poza de agua caliente entre bloques de lava, con vistas a la montaña *(ver p. 31)*.

(6) Puente entre continentes
MAPA C5
La separación de las placas americana y euroasiática es visible en Þingvellir: cruce sobre este puente, a 20 minutos en coche desde la laguna Azul o Keflavík.

(7) Hveragerði
MAPA C5
Hveragerði, la mayor ciudad invernadero de Islandia, usa el calor geotérmico para cultivar flores y verduras a escala comercial. Dispone de circuitos de senderismo y piscina.

(8) Centro de la Saga de Hvolsvöllur
MAPA C6 ▪ Hlíðarvegur 14, Hvolsvöllur ▪ 487 8781 ▪ Horario: verano: 11.30-23.00 lu-do; invierno: 10.00-17.00 sá-do ▪ Se cobra entrada ▪ www.sagatrail.is
Simpática exposición dedicada a los vikingos y al mundo de las sagas.

(9) Lava Centre
MAPA C6 ▪ Hvolsvöllur ▪ 415 5200 ▪ Horario: 9.00-17.00 lu-do (restaurante hasta las 20.00) ▪ Se cobra entrada ▪ www.lavacentre.is
Esta exposición interactiva se adentra en la actividad geológica del país, desde las explosiones volcánicas y terremotos a los movimientos glaciares. Hay un buen restaurante, una tienda de recuerdos y un punto de observación.

(10) Stokkseyri y Eyrarbakki
MAPA C5 ▪ www.husid.com
Encantadores pueblecitos con estupendos restaurantes de pescado y marisco y el museo de Húsið.

Dónde comer

PRECIOS
Una comida de tres platos con media botella de vino (o equivalente), servicio e impuestos incluidos.
....
Ⓚ menos de 5.000 ISK ⓀⓀ 5.000-9.000 ISK ⓀⓀⓀ más de 9.000 ISK

① **Hótel Rangá**
MAPA C5 ▪ Carretera 1, cerca de Hella ▪ 487 5700 ▪ ⓀⓀ
Este estupendo restaurante de hotel (ver p. 131) sirve cocina del norte de Europa con vistas al mejor río salmonero del país. Asegúrese de probar su plato estrella a base de salmón.

② **Krisp**
MAPA C5 ▪ Eyravegur 8, Selfoss ▪ 482 4099 ▪ Ⓚ
Comida tailandesa hecha con productos frescos y naturales.

③ **Hótel Geysir**
MAPA C5 ▪ Haukadalur, Geysir ▪ 480 6800 ▪ ⓀⓀ
Generosos bufés de desayuno y comida, y cenas a la carta con vistas al área de Geysir hacen de este restaurante (ver p. 17) la mejor opción de la zona.

④ **Hótel Selfoss**
MAPA C5 ▪ Eyravegur 2, Selfoss ▪ 480 2500 ▪ ⓀⓀ
Elegante local que sirve un menú de platos de marisco islandés y carnes con una magnífica presentación.

⑤ **Gullfoss Kaffi**
MAPA D4 ▪ Gullfoss ▪ 486 6500 ▪ Ⓚ
Con extensas vistas del paisaje –aunque no de la propia Gullfoss– este espacioso café es un estupendo lugar para disfrutar de un cuenco de sopa de cordero.

⑥ **Hótel Flúðir**
MAPA C5 ▪ Vesturbrún 1, Flúðir ▪ 486 6630 ▪ ⓀⓀ
Edificio moderno a las afueras de una ciudad granjera, el hotel Flúðir tiene unas espléndidas vistas y un menú a base de verduras de invernaderos locales y carnes.

⑦ **Rauða Húsið**
MAPA C5 ▪ Búðarstíg 4, Eyrarbakki ▪ 483 3330 ▪ ⓀⓀ
Una buena razón para visitar el pueblo de Eyrarbakki, este restaurante en una casa histórica ofrece estupenda langosta, cordero y platos de pescado a un precio mucho más bajo que en Reikiavik.

Plato de langosta en Rauða Húsið

⑧ **Hafið Bláa**
MAPA C5 ▪ Þorlákshöfn, cerca del puente Óseyrar, Eyrarbakki ▪ 483 1000 ▪ Ⓚ
En la desembocadura del río Ölfusá y con magníficas vistas, es otra estupenda opción para cenar. Platos de langosta y pescado.

⑨ **Kaffi Duus**
MAPA B5 ▪ Duusgata 10, Keflavík ▪ 421 7080 ▪ ⓀⓀ
Este elegante local no está lejos del aeropuerto internacional de Keflavík, así que puede servir para comerse un sabroso plato de cordero, langosta o salmón antes de regresar a casa.

⑩ **Fjöruborðið**
MAPA C5 ▪ Eyrarbraut 3a, 825 Stokkseyri ▪ 483 1550 ▪ www.fjorubordid.is ▪ ⓀⓀ
Este restaurante (ver p. 63), situado en el pueblo de Stokkseyri, ofrece una carta de comida elaborada y bebidas, con opciones para niños.

Ver mapa pp. 108-109 ←

TOP10 Tierras Altas del interior

Caballo islandés, Hekla

Adentrándose desde la línea costera, las Tierras Altas del interior de Islandia son un hermoso paraje de grava negra, llanuras de lava y picos glaciares, azotados por tormentas de verano y heladas invernales. No resulta sorprendente que el interior esté despoblado y que sus numerosos caminos de herradura ahora solo puedan recorrerse en todoterreno. Abiertas unas cuantas semanas en verano, las más accesibles de estas rutas son las de Kjölur (de Gullfoss a las cercanías de Akureyri) y Fjallabak (de Hella a Kirkjubæjarklaustur). Autobuses de largo recorrido realizan estas rutas de junio a septiembre.

TIERRAS ALTAS DEL INTERIOR

Blönduós
Akureyri
Lagó Mývatn
Hverfjall 463 m
Jökulsá á Fjöllum
⑨ Aldeyjarfoss
Víðimýri
Grund
Blanda
Vatnsdalsá
Arnarvatnsheiði
Herðubreið ⑩
Laxá í Mývatnssveit
Skjálfandafljót
④ Ruta Kjölur
Askja 1.245 m
② Hveravellir
Hofsjökull
Tungnafellsjökull 1.520 m
⑧
Langjökull
Kerlingarfjöll 1.477 m
Grímsvötn 1.719 m
Vatnajökull
Gullfoss
Þórisvatn
Parque Nacional de Vatnajökull
Flúðir
Veiðivötn y Langisjór
Hvannadalshnúkur 2.110 m
Hvítá
Þjórsá
① Ljótipollur
⑦ Lakagígar
Skaftafell
Monte Hekla ③
⑤ Landmannalaugar
Lómagnúpur
Hella
Valle Markarfljót
Kirkjubæjarklaustur
Fagurhólsmýri
⑥ Reserva de Þórsmörk
Katla 1.250 m
0 kilómetros 40

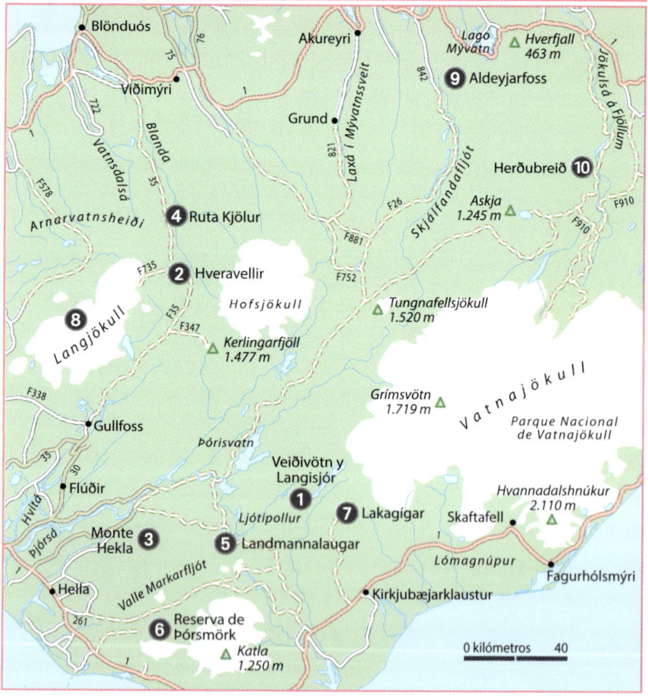

Vista panorámica del espectacular lago Langisjór

1 Veiðivötn y Langisjór
MAPA E5

Veiðivötn y Langidjór son parte de una compleja red hídrica dentro de las estrías volcánicas que se extiende al suroeste de Vatnajökull *(ver p. 24)*, accesible desde la carretera F208 a Fjallabak. Buenas zonas de pesca entre el árido paisaje. Veiðivötn agrupa lagos y arroyos, mientras Langisjór es una larga faja de agua. Ambas son accesibles solo a través de agrestes senderos y no hay transporte público.

2 Hveravellir
MAPA D4 ▪ Autobuses en verano desde Reikiavik y Akureyri ▪ Horario de autobuses: www.sba.is

A mitad de camino de la ruta Kjölur, Hveravellir es una desolada zona de aguas termales con una piscina exterior de agua caliente, cúmulos calcificados llenos de agua hirviente, un fuerte olor a azufre y una sencilla cabaña con camas de madera dirigida por la Asociación Turística Islandesa.

3 Monte Hekla

Al este del río Þórsá se alza el monte Hekla *(ver p. 31)*, que significa *encapuchado* (por las nubes que suelen cubrir su cumbre). En el pasado se creía que era la entrada al infierno, a causa de las erupciones seguidas por meses de ruidosos *quejidos* (que pensaban eran los lamentos de las almas atormentadas). En días soleados se puede ver la montaña desde Hella, en la carretera 1, y pasar a su lado de camino a Landmannalaugar. Varias compañías realizan excursiones en todoterreno y subidas a la montaña en verano.

4 Ruta Kjölur
MAPA D4 ▪ Horario de autobuses: www.sba.is ▪ Carretera abierta med junio-fin agosto

La ruta Kjölur (Kjalvegur), la más fácil de las de las Tierras Altas, recorre 170 km desde Gullfoss *(ver pp. 18-19)* hasta la carretera 1 cerca de Blönduós *(ver p. 95)*. Los ríos están cruzados por puentes y la carretera de grava es accesible en coche. Entre los enclaves que salpican la ruta están las aguas termales de Hveravellir y el casquete polar de Langjökull.

5 Landmannalaugar
MAPA D5 ▪ Horario de autobuses: www.re.is

A 3 o 4 horas en coche desde Reikiavik, Landmannalaugar reúne todos los atractivos de las Tierras Altas. La carretera pasa junto a páramos volcánicos, ríos, montañas y aguas termales. Hay colinas, campos de lava y lagos como para recorrer. Se puede dormir en el barracón o en la zona de acampada y caminar durante 4 días hasta Þórsmörk por la ruta Laugavegur *(ver p. 55)*.

Ruta de senderismo de Laugavegur

Reserva de Þórsmörk
MAPA D6 ■ Horario de autobuses: www.re.is, www.trex.is
■ Accesible solo en verano

La zona de senderismo más popular de Islandia *(ver p. 55)*, accesible en todoterreno desde la autovía, cerca de Hvolsvöllur, a través de los 30 km de largo de la F249 –cuidado con el río que hay que cruzar al final– o a pie a lo largo del Laugavegur, o desde Skógar vía Fimmvörðuháls *(ver p. 54)*. Ocupa un bello valle glaciar. Las mejores vistas se obtienen desde Valahnúkur (una subida corta y fácil) y Utigönguhöfði (más larga y difícil).

 Lakagígar
MAPA E5

Esta larga hilera de 25 km de cráteres entró en erupción en 1783, desestabilizando la climatología de toda Europa y dejando Islandia casi sin población *(ver p. 25)*. Rutas de senderismo que oscilan entre los 20 minutos y las 2 horas permiten explorar la línea de conos y los extensos campos de lava, ahora parcialmente cubiertos por una gruesa alfombra de musgo y brezo. No dispone de alojamientos, pero se pueden encontrar cabañas y zonas de acampada a lo largo de la carretera. Autobuses en temporada desde Skaftafell que circulan por Kirkjubæjarklaustur y los 60 km de la F206.

CONDUCIR POR LAS TIERRAS ALTAS

Las duras condiciones y la falta de población marcan la necesidad de usar coches de alquiler homologados para recorrer las Tierras Altas. Viaje en convoy, compruebe la meteorología antes de salir *(www.safetravel.is)* e informe sobre la ruta y hora estimada de llegada a alguien responsable para poder organizar un rescate si fuese preciso.

Langjökull
MAPA D4 ■ Excursiones en todoterreno todo el año desde Reikiavik ■ www.adventures.is

El segundo casquete polar más grande de Islandia, este *largo glaciar* al oeste de la ruta Kjölur alimenta los lagos Hvítárvatn y Sandvatn, que a su vez desembocan en el río Hvítá, donde se encuentran las espectaculares cascadas Gullfoss *(ver pp. 18-19)*. Se habla de represar otro de los lagos de Langjökull, el Hagavatn, para obtener energía, aunque el plan cuenta con detractores. Además de ver el glaciar desde las rutas Kjölur o Kaldidalur, la gente acude a disfrutar de las excursiones en moto de nieve –aunque solo podrá contratarlas por 1 hora, es una divertidísima experiencia–.

Langjökull, el segundo casquete polar más grande de Islandia

9 **Aldeyjarfoss**
MAPA E3 ■ Horario de
autobuses: www.re.is

Lo que realmente hace a estas cascadas, en el río Skjálfandafljót, tan espectaculares son las formaciones rocosas que las rodean: un estrato de columnas de basalto coronado por una gruesa capa de lava solidificada. Los autobuses que llevan a Sprengisandur, entre Reikiavik y Akureyri, paran aquí. Para llegar en coche a Aldeyjarfoss hay que tomar la carretera 842 desde Goðafoss (ver p. 45) y luego la de montaña F26. Aunque con baches, son aptos para coches que no tengan tracción a las cuatro ruedas. También es posible aparcar en el cruce con la carretera F26 y tomar un sendero que en 45 minutos lleva a pie a las cascadas.

Columnas de basalto en Aldeyjarfoss

10 **Herðubreið**
MAPA F3

Conocida como la reina de las montañas islandesas, Herðubreið se alza hasta los 1.682 m en el este de la cordillera de Askja (ver p. 21), sobre Óðáðahraun (desierto de las malas acciones). Sus laderas están surcadas por manantiales y en julio se cubren de la bella flor del epilobio ártico. En días claros hay buenas vistas de la montaña desde la carretera a Kárahnjúkar en Eyjabakkar (ver p. 104). Merece la pena recorrer la zona de alrededor, Herdubreidarlindir, que tiene zonas de acampada y senderos.

UN DÍA EN LAS TIERRAS ALTAS

 MAÑANA

Comience temprano esta excursión hasta Landmannalaugar (ver p. 115) y lleve su comida. La jornada durará al menos 8 horas, dependiendo del número de paradas durante el viaje. Diríjase al este por la carretera 1 desde Reikiavik y vía Selfoss y Hella, luego gire al norte por la carretera 264 para ver las construcciones vikingas de la Granja Keldur. Con el **monte Hekla** (ver p. 115) asomando al fondo, aprecie el entorno de Keldur, muy cerca de un volcán activo. Retome la ruta hacia **Hella** y luego gire hacia el norte a lo largo de la carretera 268 para hacer un recorrido de media hora por campos de lava, hasta Hekla y la intersección con la carretera 26. Aquí puede girar a la izquierda hacia **Leirubakki** (ver p. 112), pero para ir a Landmannalaugar gire a la derecha, conduciendo a lo largo de una llanura amarilla de piedra pómez entre Hekla y el río Þjórsá, antes de llegar al cruce con la F225, que se dirige al este hasta Landmannalaugar. Haga una pausa para disfrutar de su almuerzo.

TARDE

La carretera F225 avanza 47 km por el páramo negro de la falda norte del Hekla, atravesado por varios ríos, antes de llegar al cruce. Gire a la derecha para llegar a la orilla del lago **Frostastaðavatn** (ver p. 31) y luego de nuevo a la derecha siguiendo 5 km por la F224, que cruza un doble fiordo antes de alcanzar Landmannalaugar. Disfrute de los paisajes incomparables de la zona, y para concluir, dese un baño en el río geotermal, rodeado de coloridas montañas de riolita.

Ver mapa p. 114

Datos útiles

El monte Esja dominando el paisaje
de Reikiavik

Cómo llegar y moverse

Llegada en avión

La mayor parte de vuelos desde Europa aterrizan en el **aeropuerto internacional de Keflavík,** a 50 km de la ciudad. La compañía aérea nacional es **Icelandair.** Otra opción es **PLAY.** Las compañías **Iberia** y **Vueling** tienen vuelos directos a Islandia desde Madrid o Barcelona. El vuelo desde España dura aproximadamente 4 horas. La forma más económica de llegar a la ciudad desde Keflavík es con **Flybus,** que comunica con la estación de autobuses de larga distancia **BSÍ** y con los principales hoteles de Reikiavik en unos 45 minutos. Los taxis tienen tarifas fijadas, pero son caros. Se pueden contratar con antelación un coche de alquiler y recogerlo al llegar.

Algunos vuelos desde Groenlandia e islas Feroe utilizan el **aeropuerto internacional de Reikiavik,** al oeste del centro de la ciudad.

El aeropuerto internacional de Reikiavik también ofrece vuelos nacionales con **Eagle Air** a Akureyri, Egilsstaðir, Húsavík, las islas Vestman, Ísafjörður, Höfn, Sáuðárkrókur, Gjögur y Bíldudalur. Existen conexiones desde Akureyri a Grímsey, Vopnafjörður y Thorshöfn. Los aeropuertos regionales por lo general permanecen abiertos en invierno, cuando las carreteras están cerradas.

Llegada en barco

Desde abril hasta finales de octubre, **Smyril Line** ofrece un servicio de ferri semanal, de pasajeros y vehículos, entre Dinamarca y Seyðisfjörður, en el este de Islandia. Es más caro que volar y las condiciones de la travesía de 3 días pueden ser duras, pero se visitan las islas Feroe de camino y es la única forma de llevar vehículo propio a Islandia. También hay compañías de cruceros que visitan Islandia en verano y atracan en Reikiavik, Akureyri, Ísafjörður y Seyðisfjörður.

Autobuses

El principal operador de transporte público de Islandia es **Strætó,** con autobuses en Reikiavik y hacia otras zonas del país. En la capital, los autobuses son amarillos, y fuera, azules y amarillos o blancos.

Un billete sencillo cuesta 550 ISK; hay descuentos para niños, personas con necesidades específicas y ancianos. El billete puede adquirirse en efectivo en el autobús y, fuera de la capital, con tarjeta. Los conductores pueden no dar cambio si se les paga en efectivo. Hay bonos de 20 viajes y tarjetas que permiten viajar durante 1-12 meses y que se venden en la la página web de Strætó, en la estación de autobuses de Mjóddin y en otros puntos de la capital. La **app** de Strætó permite planificar recorridos, comprar billetes y seguir la ubicación del autobús en tiempo real.

La página web de Strætó ofrece información sobre seguridad, medidas de higiene, billetes, horarios, mapas de transporte y más.

Compañías privadas como **Reykjavík Excursions** organizan excursiones de un día por la isla desde BSÍ. Durante el verano, gestiona los servicios Highland Bus en colaboración con **SBA-Norðurleið,** que ofrece excursiones por el norte de Islandia. Otros operadores son **Gray Line** y **TREX** en Reikiavik. Otras zonas las cubren empresas locales. Aunque la mayoría de los destinos tienen servicio diario en verano, todas las líneas interiores se interrumpen o reducen el resto del año.

Los billetes que se limitan a una ruta u horario concreto son más económicos que pagar por trayectos sueltos. Conviene reservar plaza con al menos un día de antelación.

En coche

Puede llevar su coche a Islandia en el ferri de Smyril Line desde Dinamarca. Existen muchas agencias de alquiler de coches, como **Iceland Car Rental,** pero son caras. La edad mínima para alquilar es de 20 años (25 para todoterrenos). Los seguros no cubren algunas rutas. Todos los permisos de conducir europeos son válidos en Islandia.

El cinturón de seguridad es obligatorio y se deben llevar encendidas las luces. Se conduce por la derecha. Los límites de velocidad son 90 km/h en vías asfaltadas, 80 km/h en las de grava y 30 km/h en zonas residenciales. Superar el límite de alcohol y conducir por áreas no señalizadas o caminos es ilegal.

La carretera 1, de 1.300 km, circunvala el

país. Muchas carreteras son de grava. Las marcadas en el mapa con una F requieren el uso de un todoterreno. Conviene llenar el depósito cuando se pueda porque puede que no haya gasolinera en los pueblos más pequeños.

El mal tiempo dificulta la conducción con un coche convencional. Muchas carreteras para todoterrenos cruzan ríos, campos helados y arenosos, y solo son aptas para conductores experimentados. Algunas agencias de alquiler ofrecen también GPS. **Road Conditions** informa sobre la situación del tiempo y las carreteras.

Taxis

En Islandia los taxis tienen taxímetro y disponen de tarifas fijas. No se da propina. Búsquelos a la puerta de los grandes hoteles o llame pidiendo uno. **Taxi Reykjavik** ofrece servicio 24 horas.

Ferris

Los ferris comunican con varias islas. **Eimskip** ofrece servicios diarios a las islas Vestman desde Landeyjahöfn, en el sur (unos 30 min). Los barcos de **Samskip** llevan a Grímsey y Hrísey, en el norte, y Stykkishólmur-Flatey-Brjánslækur, al oeste.

En bici

Moverse en bicicleta es una forma barata de visitar el país en verano, pero hay que contar con que hay viento y carreteras de grava. Hay que estar en forma, llevar repuestos y saber de reparaciones. También necesitará una tienda, equipo de cocina y suministros, ya que las distancias entre ciudades pueden ser grandes. En Reikiavik y Akureyri hay tiendas de alquiler de bicis, pero muy pocas en el

resto de la isla. Solo se permite ir en bici por carretera o senderos señalizados.

A pie

Las ciudades y pueblos de Islandia son ideales para caminar, ya que son relativamente pequeños y hay vías peatonales. El país cuenta con numerosos senderos para caminar. Hay posibilidad de acampar o usar las cabañas de las organizaciones de senderismo; ambas opciones requieren reservar con antelación. Venga equipado para el mal tiempo y el terreno difícil (incluyendo cruzar ríos). Lleve comida, agua y mapas o un GPS. Algunas rutas precisan crampones y piolet. Las dos organizaciones de senderismo del país, **Útivist** y **Ferðafélag Íslands,** le pueden orientar.

INFORMACIÓN

LLEGADA EN AVIÓN
Aeropuerto internacional de Keflavík
W kefairport.is
Aeropuerto internacional de Reikiavik
W isavia.is
BSÍ
C 580 5400
W bsi.is
Eagle Air
W eagleair.is
Flybus
C 580 5400
W re.is/flybus
Icelandair
W icelandair.com
Iberia
W iberia.es
PLAY
W flyplay.com
Vueling
W vueling.com

LLEGADA EN BARCO
Smyril Line
C 298 354 900
W smyrilline.com
EN AUTOBÚS
Gray Line
C 540 1313
W grayline.is
Reykjavík Excursions
C 580 5400
W re.is
SBA-Norðurleið
C 550 0700
W sba.is
Strætó
C 540 2700
W straeto.is
TREX
C 587 6000
W trex.is

EN COCHE
Iceland Car Rental
C 415 2500
W icelandcarrental.is
Road Conditions
W road.is
TAXIS
Taxi Reykjavík
C 561 0000
FERRIS
Eimskip
C 433 2254
W seatours.is
Samskip
C 458 8000
W en.samskip.is
A PIE
Ferðafélag Íslands
W fi.is/en
Útivist
W utivist.is/english

Información práctica

Documentación

Para consultar los requisitos de entrada al país, hay que consultar en la embajada islandesa más cercana o en la web de la **Dirección de Inmigración.**

Los ciudadanos procedentes de España, como país firmante del Acuerdo de Schengen, no necesitan visado para visitar Islandia con un límite de 90 días.

Consejos oficiales

Es importante tener en cuenta los consejos oficiales antes de viajar. Se pueden consultar las recomendaciones sobre seguridad, sanidad y otras cuestiones importantes tanto en la web del **Ministerio de Asuntos Exteriores de España** como en la del **Gobierno de Islandia.** También se puede encontrar información de interés en la página web islandesa **Safe Travel.**

Información de aduanas

La web **Iceland Revenue and Customs** ofrece información relativa a la legislación sobre bienes y divisas que se pueden introducir o sacar de Islandia.

Los ciudadanos de más de 18 años pueden importar 200 cigarrillos o 250 g de productos tabacaleros. Los mayores de 20 pueden llevar también un litro de licor, un litro de vino y 6 litros de cerveza. Los visitantes pueden importar 3 kg de alimentos del *duty-free,* que no sea carne. La ropa

de montar y el equipo de pesca deben estar desinfectados y certificados por un veterinario antes de entrar. No se puede llevar equipo de montar usado.

Se pueden llevar vehículos con hasta 200 litros de combustible libres de impuestos en tanques internos en el ferri de Smyril Line a Seyðisfjörður, siempre que permanezca menos de un año en Islandia, utilizando el coche solo para uso personal y llevándoselo de vuelta consigo al marcharse. Los ciudadanos europeos que lleven su propio vehículo no necesitan la carta verde o prueba de seguro a terceros, aunque puede que le pidan un seguro de automóvil internacional.

Seguros de viaje

Es recomendable contratar un seguro completo que cubra robos, pérdida de pertenencias, problemas médicos, cancelaciones y retrasos. Conviene leer la letra pequeña, incluidas las cláusulas de exclusión, sobre todo si piensa practicar senderismo o turismo de aventura.

Los ciudadanos de la UE pueden recibir atención médica gratuita de urgencia en Islandia si disponen de la Tarjeta Sanitaria Europea (TSE).

Salud

Islandia cuenta con un servicio sanitario de calidad. La cobertura por emergencia es gratuita para los ciudadanos europeos si se

tiene la TSE, hay que asegurarse de presentarla cuanto antes. Normalmente el tratamiento se paga y luego se reclama.

Para otros viajeros, el pago de la atención médica es responsabilidad del paciente, por lo que conviene tener un seguro médico amplio.

No se requiere ninguna vacuna para visitar Islandia y el agua del grifo es potable. Conviene llevar consigo las medicinas que se puedan necesitar.

Los principales hospitales del país son **Akureyri Hospital** y **Landspítali University Hospital.** El coste del uso de ambulancias no es reembolsable. Hay farmacias *(apótek)* en casi todas las ciudades, a menudo abiertas hasta tarde.

Para obtener información relativa a los requisitos de vacunación contra la COVID-19, hay que consultar los consejos oficiales.

Tabaco, alcohol y drogas

Está prohibido fumar en bares, restaurantes, locales nocturnos y cafés. No encontrará zonas especiales para fumadores dentro de ningún edificio y fumar en el exterior está restringido a áreas concretas. También está prohibido fumar en el transporte público.

La edad permitida para consumir alcohol en Islandia es 20 años. Conducir ebrio o drogado está penado con multa o pérdida temporal o permanente del carné de conducir.

El alcohol, que paga altos impuestos, se vende en tiendas de control estatal

(Vínbúðin). Dado su coste, no se suelen pagar rondas, e incluso se acostumbra a tomar solo una consumición por noche, aunque muchos bares tienen *hora feliz.*

La posesión, el consumo y el tráfico de drogas puede acarrear multas y penas de privación de libertad.

Carné de identidad

Es necesario llevar un documento de identidad con foto para comprar alcohol y a menudo para entrar en bares. No es requisito legal llevar documentación con foto en todo momento, pero sí un permiso de conducir válido si se va a alquilar un coche.

Seguridad personal

Islandia es un país seguro, con un índice de criminalidad muy bajo, pero siempre se deben tomar las precauciones habituales. Cierre su vehículo, no deje objetos de valor a la vista y no muestre su dinero en público. Vigile sus efectos personales en lugares multitudinarios, en el transporte público o haciendo cola en los lugares de interés turístico. Se producen asaltos menores, pequeños hurtos y crímenes relacionados con las drogas, sobre todo en Reikiavik.

Si le roban, denúncielo en la comisaría más cercana en un plazo de 24 h y lleve la documentación consigo. Quédese con una copia de la denuncia para reclamar al seguro.

El número de **Emergencias** (policía, bomberos y ambulancia) es el 112. En líneas generales, los is-

landeses no discriminan por raza, género o condición sexual. La homosexualidad se legalizó en 1940 y en 2010 Islandia se convirtió en el noveno país del mundo en reconocer el matrimonio entre personas del mismo sexo. El Reykjavík Pride festival, en agosto, es uno de los más populares del país. **Gay-Iceland** tiene información útil para la comunidad LGTBIQ+ en Reikiavik, y **Gayice** ofrece consejos para los viajeros LGTBIQ+ que visiten Islandia.

El acoso sexual no es habitual en Islandia, pero conviene acudir a comisaría si se siente amenazado.

Al viajar por el país, recuerde llevar ropa de abrigo y resistente al agua y el viento, ya que el tiempo resulta impredecible. También necesitará gafas de sol, crema solar y un gorro, sobre todo si va a practicar senderismo, para lo que deberá llevar además botas resistentes para la lava, la nieve y la lluvia.

Tenga cuidado con los peligros derivados de la propia naturaleza: encontrará pocas señales de peligro o barreras de protección, incluso en lugares tan turísticos como las cascadas, géiseres o pozas de lodo caliente. Vadear los ríos sin puente puede ser peligroso, ya sea a pie o en coche. Los circuitos de senderismo a veces están poco señalizados; los senderistas deben saber orientarse en condiciones deficientes. Las avalanchas se han cobrado muchas vidas en Islandia a lo largo de

los años; compruebe siempre los avisos de peligro antes de salir a caminar, sobre todo en los Fiordos Orientales y Occidentales. Si va a nadar, recuerde que la costa y las playas no suelen estar vigiladas.

INFORMACIÓN

DOCUMENTACIÓN

Dirección de Inmigración
utl.is

Consulado de Islandia en Madrid
915 904 539
icelandic.consulate.madrid@gmail.com

Consulado de Islandia en Barcelona
932 325 810
barcelona@consuladoislandia.com

CONSEJOS OFICIALES

Ministerio de Asuntos Exteriores de España
exteriores.gob.es

Gobierno de Islandia
government.is

Safe Travel
safetravel.is

INFORMACIÓN DE ADUANAS

Iceland Revenue and Customs
customs.is

SALUD

Akureyri Hospital
Eyrarlandsvegur
463 0100

Landspítali University Hospital
Hringbraut 101, Reykjavík
543 1000

SEGURIDAD PERSONAL

Emergencias
112

Gayice
gayice.is

GayIceland
gayiceland.is

Viajeros con necesidades específicas

Las ciudades de Reikiavik y Akureyri tienen instalaciones relativamente buenas para los viajeros con necesidades específicas, sobre todo la capital, donde todos los autobuses son accesibles en silla de ruedas. Muchos hoteles, restaurantes y comercios también lo son o pueden dar los servicios necesarios si se les avisa antes. Algunos museos, como la Exposición del Asentamiento *(ver p. 75)* y el Museo Marítimo de Reikiavik *(ver p. 41)* tienen acceso para sillas de ruedas.

Fuera de estas ciudades, la accesibilidad puede ser escasa, especialmente en las zonas más remotas. No obstante, algunos lugares de interés, como la laguna Azul *(ver p. 14)*, tienen buena accesibilidad, y varias empresas turísticas, como **Nordic Visitor** o **Iceland Unlimited,** ofrecen paquetes vacacionales.

Otros recursos útiles son: **Thekkingarmidstod Sjalfsbjargar,** que tiene consejos para viajar por Islandia con una discapacidad física; **Wheelmap,** que ofrece información sobre accesos para sillas de ruedas, y la aplicación TravAble, con información detallada sobre los lugares accesibles en Reikiavik. Aunque no atiende directamente a los turistas, la **Sjálfsbjörg Association for Disabled People** puede ofrecer asesoramiento.

Zona horaria

Islandia sigue el huso horario de Greenwich y no aplica el cambio de horario invierno/verano. Por lo tanto, la diferencia con España es de una hora durante el invierno y dos horas en verano.

Dinero

La moneda islandesa es la corona, *króna* (ISK) o *krónur* en plural. En el aeropuerto internacional de Keflavík y en algunas tiendas de Reikiavik admiten moneda extranjera.

El pago *contactless* está ampliamente extendido en Islandia, y en muchos autobuses es habitual pagar a través de una aplicación.

Encontrará bancos en todas las ciudades importantes, muchos con cajeros automáticos exteriores. Algunas tiendas grandes, centros comerciales y estaciones de servicio también disponen de cajeros automáticos. Casi todos los cajeros y comercios del país aceptan Visa y MasterCard, pero no American Express.

No se acostumbra a dar propina, pero siempre es bien recibida.

Dispositivos eléctricos

Islandia tiene similar corriente eléctrica que el resto de Europa (240 voltios y 50 Hz). Los enchufes también son como los europeos.

Teléfonos móviles y wifi

El código telefónico nacional es el 354; los números de teléfono dentro de Islandia tienen siete dígitos, sin prefijo provincial.

La red de telefonía móvil es fiable en la mayor parte del país, aunque puede ser irregular o inexistente en zonas más remotas. Cuenta con un sistema GSM compatible con las redes europeas. Si la suya no funciona, compre una tarjeta SIM local. El centro de Islandia se encuentra bajo la cobertura de Nordic Mobile Telephone (NMT), pero solo necesitará utilizarla si viaja de forma independiente por el interior. Infórmese con las compañías de alquiler de coches u organizaciones de senderismo sobre el alquiler de un dispositivo NMT.

Muchos cafés y algunos alojamientos ofrecen wifi gratuito.

Correos

Encontrará oficinas de correos en la mayoría de las ciudades importantes, abiertas de lunes a viernes de 9.00 a 16.30, algunas hasta más tarde en las ciudades más grandes. Además, podrá comprar sellos en hoteles, librerías y supermercados.

Clima

En verano, el sol apenas se esconde tras el horizonte a media noche, mientras en invierno tendrá suerte de disfrutar de 4 horas de luz al día, lo que hace que de noviembre a febrero sea la época perfecta para ver la aurora boreal. El clima es más suave de lo que se podría esperar. En el sur del país, la media de temperatura en invierno es de 0 ºC, mientras en verano puede alcanzar los 23 ºC, aunque desde la primavera hasta el otoño suele llover con frecuencia. El norte es bastante más frío, con fuertes nevadas en invierno y temperaturas que caen por debajo de los −15 ºC, aunque el noreste es famoso por sus soleados veranos. El centro del país está dominado por Vatnajökull, el casquete polar más grande de Europa, y las Tierras Altas del interior están deshabitadas y aisladas por la nieve durante gran parte del año. Las carreteras están abiertas unas pocas semanas, de mediados de julio a septiembre.

Horarios

Las tiendas abren de lunes a viernes de 10.00 a 18.00 y los sábados de 10.00 hasta entre las 13.00 o las 16.00.

Algunos supermercados permanecen abiertos a diario hasta las 23.00. Los bancos abren de lunes a viernes de 9.15 a 16.00. Fuera de Reikiavik los horarios suelen ser más cortos.

Los museos disponen de su propio horario de apertura y los que están fuera de la capital suelen cerrar en invierno.

Los negocios, bancos y mayoría de las tiendas suelen permanecer cerrados los festivos.

La pandemia de **COVID-19** demostró que todo puede cambiar repentinamente. Antes de visitar museos, monumentos u otros lugares de interés consulte los horarios actualizados y las formalidades de reserva.

Información turística

Visit Iceland, la web oficial de turismo del país, ofrece amplia información para quienes visiten el país y enlaza a otras páginas web específicas por regiones: norte, sur, este y oeste. Otras buenas fuentes de información son las web de **Randburg Travellers' Guide**, Visit Reykja-

vík y **Safe Travel** (ver p. 122). A los senderistas y pescadores les resultará muy útil la de **Nordic Adventure Travel.**

Forlagið y Ferðakort publican atlas de carretera y mapas especializados que cubren todo el país de forma detallada y resultan muy prácticos si quiere viajar o practicar senderismo por libre. Podrá encontrar una buena selección en las librerías de Reikiavik y Akureyri, y una selección menor en oficinas de turismo, supermercados y restaurantes de carretera. Organizaciones de senderismo y los Parques Nacionales de Islandia publican mapas locales, que suelen estar disponibles en sus distintos locales.

Reykjavík City Card (comprada en la web Visit Reykjavík) ofrece entrada gratis a varios museos, descuentos en varias visitas, tiendas y servicios, además de viajes gratuitos en autobús en la capital. Está disponible para 24, 48 o 72 horas. La app **Iceland Coupons** cuenta con descuentos en todo el país.

Turismo responsable

Visit Iceland ha creado el "Compromiso islandés", que el visitante puede firmar en su web antes de viajar. Anima al turista a seguir los principios de no dejar huella, permanecer dentro de los senderos y carreteras autorizados, usar *camping* oficiales en lugar de hacer acampada libre, y reducir el uso de botellas de plástico usando una reutilizable. El apartado "Iceland Academy" da consejos sobre cómo viajar de forma segura y responsable por el país.

Idioma

El islandés es un idioma difícil y complejo, con una gramática que puede resultar similar al alemán o al latín, y muy pocos extranjeros llegan a aprenderlo, pero en

Islandia se enseña inglés desde que los niños son pequeños y la mayoría lo habla correctamente. Los islandeses se mostrarán encantados si logra pronunciar una frase en su lengua materna.

Costumbres

Si se establece contacto visual por la calle, los islandeses dicen *Góðan daginn*, que significa 'buenos días'. Cuando se visita la casa de un islandés, es importante dejar siempre los zapatos en la puerta; llevarlos puestos se considera de muy mala educación.

Impuestos y devoluciones

El tipo de IVA estándar en Islandia es del 24% y el tipo reducido es del 11%. Los visitantes tienen derecho a la devolución del IVA de las compras compras individuales que superen las 6.000 ISK. Las devoluciones pueden solicitarse a la salida del país. Puede hallar más información en el sitio web de Iceland Revenue and Customs *(ver p. 122).*

Excursiones y visitas guiadas

Hay innumerables viajes y excursiones por Islandia que permiten disfrutar de los lugares y experiencias más apasionantes del país.

La excursión por el **Círculo de Oro** organizada por Reikiavik Excursions *(ver p. 120)* es un clásico que combina la historia y el paisaje, todo a tiro de piedra de Reikiavik. Incluye las aguas termales de Geysir, la cascada Gullfoss y el Parque Nacional de Þingvellir. Reikiavik Excursions

también organiza excursiones a **Lakagígar**, un gigantesco campo de lava, escenario de una terrible erupción en 1783.

Askja, un paisaje de humeantes cráteres volcánicos en el interior, es donde los astronautas solían entrenar para sus aterrizajes en la Luna y constituye una interesante excursión de un día desde el lago Mývatn.

Para senderismo de montaña, puede dedicar una mañana a caminar por el hielo o subir al Hvannadalshnúkur (la cumbre más alta de Islandia) con la compañía especializada **Icelandic Mountain Guides.**

Apúntese al crucero de medio día para **ver ballenas** que sale de Húsavík, en el noreste, o, en el caso de que prefiera **avistar frailecillos,** tome un barco desde Lundey o Akurey, cerca de Reikiavik.

Recorra alguna zona remota del interior **a caballo.** Los caballos de pura raza islandesa llegaron con los vikingos. Además del paso, el trote, el galope y el medio galope, tienen una *quinta marcha,* el *tölt.* Establos como Íshestar y Eldhestar ofrecen desde paseos de una hora hasta excursiones de una semana.

Nadar

Asegúrese de llevarse el bañador a Islandia. Cada ciudad cuenta con una piscina pública *(sundlaug)* que se calienta geotérmicamente a una temperatura constante de 28 ºC, a menudo acompañada de *jacuzzis* y saunas. Son baratas y exigen reglas estrictas: quítese los

zapatos antes de entrar a los vestuarios, deje su toalla en los colgadores que hay entre los vestuarios y la piscina para secarse antes de volver a vestirse, y dúchese desnudo antes de entrar en la zona de la piscina.

En medio de la naturaleza también encontrará varias piscinas termales naturales en lugares como Landmannalaugar y Mývatn, por no mencionar la artificial laguna Azul, que permite disfrutar de una fantástica experiencia, sobre todo durante los meses de invierno.

Comer

Islandia cuenta con algunos platos típicos excelentes. El marisco y el pescado están en lo alto de la lista, con un magnífico salmón atlántico, bacalao, trucha y salvelino, por no mencionar la langosta. El cordero islandés también está muy bueno. Otras especialidades locales son el *harðfiskur* (bacalao seco), un popular aperitivo que a veces se come con mantequilla; el *hagikjöt* (cordero ahumado); la *rjúpa* (perdiz nival); el *súrmatur* (carnes fermentadas en suero de leche), y el *hákari* (tiburón fermentado), una especialidad de sabor muy fuerte. El frailecillo también se considera una tradición culinaria en Islandia. Sin embargo, el número de frailecillos está disminuyendo (debido a la actividad humana y al cambio climático) y ahora se han establecido límites a las temporadas de caza. Más información sobre la gastronomía islandesa en la **Iceland Local Food Guide.**

En cuanto al autoabastecimiento, Bónus, Krónan, Samkaup y Hagkaup son los supermercados más extendidos; Bónus es el más económico. Muchos pueblos tienen alguna tienda, pero con pocos productos y en horario reducido. En verano le será fácil encontrar verduras frescas sobre todo en las ciudades invernadero, que las cultivan empleando métodos geotérmicos. Muchos pueblos cuentan con panaderías, pero muy pocos con carnicerías y pescaderías.

Alojamiento

La popularidad de Islandia hace que en verano sea cada vez más difícil encontrar alojamiento. Es aconsejable reservar plaza con antelación, incluso en los albergues. Reservar a través de Internet es la práctica más habitual.

En lugar de acampar libremente, se aconseja hacerlo en un *camping*. Consulte la **Agencia Medioambiental de Islandia** para conocer detalles zonas de acampada. La mayor parte de la gente opta por utilizar los *campings*, bien equipados y económicos, que encontrará incluso en los pueblos más pequeños. Muchos disponen de aseos y duchas. En caso contrario, diríjase a la piscina pública más cercana. Lleve una tienda resistente al agua y una lona impermeable para el suelo, así como cables y piquetas suficientes, ya que es muy habitual encontrarse con suelos pedregosos y fuertes vientos. La tarjeta **Camping Card** es muy útil para ahorrar en múltiples *campings* de todo el país.

En las zonas de senderismo más populares hay chozas de montaña

dirigidas por las organizaciones de senderismo. Por lo general son estilo chalé, con dormitorios comunes, cocina, aseos, duchas y bancos o colchones. Las camas se reservan con antelación y hay que llevar saco de dormir.

Existen unos 30 albergues oficiales gestionados por **HI Iceland,** que van de las cabañas con techo de turba a apartamentos de varios pisos con TV, cocina, café y mostrador de turismo. Los miembros de la asociación de albergues disfrutan de descuentos en las habitaciones. Aunque lo habitual son los dormitorios comunes, también hay habitaciones privadas. Lleve un saco de dormir o alquile la ropa de cama.

A medio camino entre el albergue y el hotel, los hostales de ciudad y las granjas rurales ofrecen una amplia gama de alojamiento, a veces dentro de un bloque de edificios y otras en chalés individuales. Para informarse sobre estancias en una granja, visite **Hey Iceland.** Lo habitual son habitaciones dobles o familiares, con camas vestidas, aunque algunos lugares ofrecen una opción más barata sin facilitar ropa de cama. Pagando un precio extra también podrá reservar comidas con antelación.

Hay gran variedad de hoteles en Islandia, sencillos y lujosos, y algunos con vistas de los espectaculares paisajes. Las compañías aéreas internacionales ofrecen interesantes paquetes vuelo + hotel, con precios que bajan muchísimo fuera de la temporada de verano. Una

alternativa es utilizar uno de los **Hotel Eddas** repartidos por todo el país, que solo abren en verano, ya que el resto del año funcionan como escuelas. Sus precios son más baratos que los hoteles normales y aunque las habitaciones son sencillas, sus instalaciones son correctas, a menudo con restaurantes o cafeterías y piscina.

Dónde alojarse

PRECIOS
Por habitación doble (con desayuno, si está incluido), impuestos y otros cargos.

Ⓚ menos de 20.000 ISK   ⓀⓀ 20.000-40.000 ISK
ⓀⓀⓀ más de 40.000 ISK

Hoteles en el centro de Reikiavik

Canopy
MAPA L2 ▪ Smiðjustígur 4 ▪ 528 7000 ▪ www.canopyreykjavik.com
Céntrico, con estilosas habitaciones y artículos de bienvenida, este hotel de cuatro estrellas es una opción cómoda y elegante. Hay un buen restaurante, una terraza con patio en verano y una zona de gimnasio 24 horas. Incluso puede alquilar tocadiscos y vinilos en recepción.

Center Hotels Klöpp
MAPA M2 ▪ Klapparstígur 26 ▪ 595 8520 ▪ www.centerhotels.com ▪ ⓀⓀ
Este renovado hotel ofrece habitaciones con baños integrados. Está situado en la animada Laugavegur y es una estupenda opción para una estancia corta. Las habitaciones de los pisos superiores son más tranquilas, algunas con vistas del mar.

Fosshotel Lind
MAPA N3 ▪ Rauðarárstígur 18 ▪ 562 3350 ▪ www.islandshotel.is ▪ ⓀⓀ
Un hotel cómodo y de confianza con buenas instalaciones y personal servicial. Aunque ofrece todos los servicios necesarios, las habitaciones son más bien pequeñas y sencillas. Buena elección para una estancia corta.

Hótel Óðinsvé
MAPA L3 ▪ Þórsgata 1 ▪ 511 6200 ▪ www.odinsve.is ▪ ⓀⓀ
Este hotel con buena relación calidad-precio combina de manera excelente el ambiente hogareño del edificio de la década de 1930 con la elegancia actual minimalista. Su emplazamiento fuera de las calles principales garantiza buenas dosis de tranquilidad. El restaurante-bistró SNAPS está especializado en parrilladas.

101 Hotel Reykjavík
MAPA L2 ▪ Hverfisgata 10 ▪ 580 0101 ▪ www.101hotel.is ▪ ⓀⓀⓀ
Cerca de la principal calle comercial de la capital, este elegante hotel muestra un exterior austero. Dentro, sus habitaciones modernas y alegres tienen un aspecto minimalista y moderno, con suelos de madera, grandes camas y baños de mármol. Gimnasio y *spa*.

Center Hotels Plaza
MAPA K2 ▪ Aðalstræti 4-6 ▪ 595 8550 ▪ www.centerhotels.com ▪ ⓀⓀⓀ
Un edificio luminoso y moderno con habitaciones a juego –suelos de madera y paredes y muebles blancos–. Las *suites* tienen vistas de la parte antigua de la ciudad y está rodeado de buenos restaurantes.

Hótel Borg
MAPA L2 ▪ Pósthússtræti 11 ▪ 551 1440 ▪ www.keahotels.is/en/hotels/hotel-borg ▪ ⓀⓀⓀ
Edificio *art déco* donde la elegancia de otros tiempos y el estilo moderno se reflejan en sus impecables habitaciones, un ejemplo de sofisticación con muebles de época. Tiene también un *spa* y gimnasio.

Hótel Holt
MAPA L3 ▪ Bergstaðastræti 37 ▪ 552 5700 ▪ www.holt.is ▪ ⓀⓀⓀ
La insulsa fachada del Holt es engañosa, una vez cruce sus puertas se encontrará en uno de los hoteles de estilo antiguo más lujosos de la ciudad. Tiene la colección privada de arte islandés del siglo XIX más grande del país y un increíble restaurante.

Hótel Reykjavík Centrum
MAPA K2 ▪ Aðalstræti 16 ▪ 514 6000 ▪ www.islandshotel.is ▪ ⓀⓀⓀ
Un hotel moderno en un viejo edificio: su exterior de madera y chapa ondulada roja se alza sobre los restos de un asentamiento vikingo del siglo VII. Las habitaciones se han actualizado con gusto y tiene un restaurante muy conocido.

Hoteles en los alrededores de Reikiavik

Hótel Cabin
MAPA N3 ▪ Borgartún 32, 105 Reikiavik ▪ 511 6030 ▪ www.hotelcabin.is ▪ Ⓚ
Hotel para presupuestos austeros, con muebles

básicos pero habitaciones limpias. Hay tres categorías, de habitaciones compactas a superiores con vistas. Algunas habitaciones tienen ventanas interiores para las largas noches de verano. Su restaurante ofrece un bufé de mediodía a buen precio.

Hótel Laxnes
MAPA Q5 ▪ Háholt 7, 270 Mosfellsbær ▪ 566 8822 ▪ www.hotellaxnes.is ▪ Ⓚ
Un hotel en un entorno semirrural, a unos 20 min. en autobús desde Reikiavik. Las habitaciones dobles y apartamentos con cocina son muy buenos y tiene un *jacuzzi* exterior con vistas de la montaña. Campo de golf y piscina en las cercanías. Servicio público regular de autobuses a la ciudad.

Reykjavík City Hostel
MAPA R3 ▪ Sundlaugarvegur 34, 105 Reikiavik ▪ 553 8110 ▪ www.hostel.is ▪ Ⓚ
Uno de los pocos albergues islandeses HI con habitaciones privadas y dormitorios que, junto con su emplazamiento cerca de los jardines botánicos y la piscina de Laugardalur, lo convierten en la mejor opción económica de la ciudad. Se recomienda reservar con antelación.

Viking Village
MAPA P6 ▪ Strandgata 55, 220 Hafnarfjörður ▪ 565 1213 ▪ www.fjorukrain.is ▪ Ⓚ
Todo un complejo construido según la temática vikinga, con alojamiento, restaurantes y diversión vikingos. El exterior del hotel tiene un aire de al-

macén, pero las habitaciones son muy buenas. También tiene 14 casas de campo *vikingas* cerca del hotel.

22 Hill Hotel
MAPA N3 ▪ Brautarholt 22–24, 105 Reikiavik ▪ 511 3777 ▪ www.22hillhotel.is ▪ ⓀⓀ
Pese a su sencillo exterior, sus habitaciones tienen un tamaño decente y estupendas vistas, personal servicial, un buen restaurante y una magnífica ubicación, que lo convierten en la opción de precio medio preferida en la capital.

Eyja Guldsmeden Hotel
MAPA N3 ▪ Brautarholt 10, 105 Reikiavik ▪ 519 7300 ▪ www.hoteleyja.is
Hotel de diseño junto a Laugevegur (la avenida principal). Comprometido con la sostenibilidad, ofrece habitaciones contemporáneas y elegantes con camas con dosel y comodidades modernas como televisor de pantalla plana y wifi rápido.

Hótel Ísland
MAPA R4 ▪ Ármúli 9, 108 Reikiavik ▪ 595 7000 ▪ www.hotelisland.is ▪ ⓀⓀ
Situado en el centro, cerca del distrito financiero de la ciudad ,el Ísland es el primer hotel islandés dedicado a servicios médicos y de bienestar. Dispone de 129 cómodas habitaciones, muchas de ellas con vistas a las montañas que rodean Reikiavik. También cuenta con *spa* y un bistró que sirve comida internacional moderna.

Hótel Örkin
MAPA P4 ▪ Brautarholt 29, 105 Reikiavik ▪ 568 0777 ▪ www.hotelorkin.is ▪ ⓀⓀ
Hotel para bajos presupuestos dirigido por la Misión de Pescadores de las Feroe. Bien cuidado y con un simpático ambiente. El precio incluye el desayuno y dulces recién hechos por la tarde.

Grand Hótel Reykjavík
MAPA Q3 ▪ Sigtún 38, 105 Reikiavik ▪ 514 8000 ▪ www.islandshotel.com ▪ ⓀⓀⓀ
El segundo hotel más grande del Islandia se ubica en una imponente torre. Tiene un restaurante moderno y un tentador *spa* y *fitness center*. Sus salas de conferencias son perfectas para un viaje de negocios.

Hilton Reykjavík Nordica
MAPA Q4 ▪ Suðurlandsbraut 2, 108 Reikiavik ▪ 444 5000 ▪ www.hiltonreykjavik.com ▪ ⓀⓀⓀ
Este hotel, uno de los más lujosos de la ciudad, alberga un estupendo restaurante de fusión de cocina islandesa e internacional. La decoración de este hotel se inclina por los muebles monocromáticos y los suelos de pino.

The Retreat at Blue Laggon
MAPA B5 ▪ Norðurljosavegur 11, 240 Grindavík ▪ 4208700 ▪ www.bluelagoon.com
Este hotel, un refugio moderno situado en plena naturaleza, ofrece 62 *suites* de lujo y un *spa* termal privado. Las amplias ventanas de suelo a techo dan al paisaje volcánico. El restaurante tiene una deliciosa carta.

Hoteles en los alrededores de Islandia

Hôtel Búðir
MAPA A4 ▪ 356 Snæfellsnes ▪ 435 6700 ▪ www.budir.is ▪ ⓀⓀ
Este elegante hotel de estilo antiguo reformado es una de las joyas románticas de Islandia. Ambiente evocador junto al mar y con una iglesia de madera oscura y la cumbre blanca de Snæfellsjökull como compañía. El restaurante es famoso por su pescado fresco y platos de cordero.

Hôtel Framtíð
MAPA G4 ▪ Vogaland 4, 765 Djúpivogur ▪ 478 8887 ▪ www.hotel framtid.com ▪ ⓀⓀ
Este edificio antiguo con vistas cuenta con habitaciones modernas, y también hay cabañas de madera en alquiler, así como una cercana zona de acampada. El hotel tiene también un buen restaurante.

Hôtel Ísafjörður
MAPA B2 ▪ Silfurtorg 2, 400 Ísafjörður ▪ 456 4111 ▪ www.hotelisafjordur.is ▪ ⓀⓀ
Su sólido exterior, que le sirve de protección frente a las duras tormentas de invierno, esconde un cálido, cómodo y acogedor hotel. Las habitaciones no son enormes, pero tienen todo lo necesario para pasar una o dos noches. El restaurante no está mal, aunque es un poco caro.

Hôtel KEA
MAPA E2 ▪ Hafnarstræti 87–89, 600 Akureyri ▪ 460 2000 ▪ www. keahotels.is ▪ ⓀⓀ
Situado en el corazón de Akureyri, este hotel es el buque insignia de la cadena KEA en el norte de Islandia. Habitaciones bien amuebladas y bastante espaciosas. Tiene un bistró y un bar, y ofrece un generoso bufé de desayuno ideal para comenzar el día.

Hôtel Klaustur
MAPA E5 ▪ Klausturvegur 6, 880 Kirkjubæjarklaustur ▪ 487 4900 ▪ www. hotelklaustur.is ▪ ⓀⓀ
Parece algo extraño encontrarse un hotel tan grande en un lugar tan pequeñito, pero el Hôtel Klaustur tiene una ubicación perfecta para las excursiones de verano al Parque Nacional de Skaftafell y los cráteres de Lakagígar. Además, también cuenta con un buen restaurante y un bar con terraza exterior, además de una pequeña piscina caldeada al lado.

Hotel Laxá
MAPA F2 ▪ Olnbogaas 1, Mývatn ▪ 464 1900 ▪ www.hotellaxa.is ▪ ⓀⓀ
Este hotel ofrece habitaciones cómodas y sencillas, algunas con vistas al lago Mývatn. Su restaurante, Eldey, utiliza productos de la zona y una carta que cambia con regularidad. Hay muchos senderos para caminar cerca del hotel.

Hotel Skaftafell
MAPA F5 ▪ Freysnes, 785 Öræfi ▪ 478 1945 ▪ www. hotelskaftafell.is ▪ ⓀⓀ
Este hotel es una comodísima base desde la que salir de excursión por el cercano Parque Nacional de Skaftafell. La mayoría de las 63 habitaciones tienen impresionantes vistas del glaciar.

Icelandair Hôtel Hamar
MAPA B4 ▪ Golfvöllurinn Hamar, 310 Borgarnes ▪ 433 6600 ▪ www.iceland airhotels.com ▪ ⓀⓀ
Este largo hotel de una sola planta en un tranquilo enclave tiene además *jacuzzi* al aire libre, un estupendo restaurante y un espléndido campo de golf de 18 hoyos. Ofrece unas estupendas vistas de la montaña y cada habitación tiene un gran ventanal y una puerta que da directamente al campo. El Centro del Asentamiento de Borgarnes es de visita obligada durante la estancia.

Hôtel Hérað
MAPA G3 ▪ Miðvangur 5-7, 700 Egilsstaðir ▪ 471 1500 ▪ www. icelandairhotels.com ▪ ⓀⓀ
El aburrido exterior gris de este hotel no debe detenerlo. Dentro, sus amplias habitaciones están amuebladas con gusto. Otra de sus ventajas es su servicial personal. Además del restaurante, pruebe el Café Nielsen *(ver p. 105)*, calle arriba en la casa más antigua de la ciudad.

Leirubakki
MAPA D5 ▪ Leirubakki ▪ 487 8700 ▪ www. leirubakki.is ▪ ⓀⓀ
Lo que hace excepcional a este cómodo y moderno hotel es su ubicación en el corazón del sur de Islandia, en el enclave del Hekla, uno de sus volcanes más activos. Los clientes pueden disfrutar de su manantial de aguas termales construido con bloques de lava y bonitas vistas.

Hótel Rangá
MAPA C5 ▪ Carretera 1, cerca de Hella ▪ 487 5700 ▪ www.hotelranga.is ▪ ⓚⓚⓚ
Este retiro en el campo, con comodidades de un 4 estrellas, le resultará idóneo si quiere pescar salmones en el cercano río Rangá. Sus cabañas y edificios principales están bien decorados y cuenta con un excelente restaurante. Además, está cerca de las mejores atracciones del sur de Islandia.

Hostales

Galleri Laugarvatn
MAPA C5 ▪ Laugarvatn ▪ 847 0805 ▪ www. gallerilaugarvatn.is ▪ ⓚ
Este hostal, gestionado por un matrimonio, empezó como una tienda de diseño y artesanía antes de convertirse en un animado hostal con desayuno. Tiene cinco habitaciones, tres de ellas con baño compartido. Las habitaciones son luminosas, limpias y decoradas con gusto. Hay un agradable café.

Gistiheimilið Baldursbrá
MAPA L4 ▪ Laufásvegur 11, 101 Reikiavik ▪ 552 6646 ▪ ⓚ
En una zona residencial, este negocio familiar ofrece habitaciones con baño compartido y un *jacuzzi* exterior a muy buen precio.

Gistiheimilið Hamar
MAPA C6 ▪ Herjólfsgata 4, Heimaey, Vestmannaeyjar ▪ 481 3400 ▪ Abierto mayo-sep ▪ www.guesthouse hamar.is ▪ ⓚ
Este moderno bloque cerca del puerto tiene habitaciones amplias hasta para cuatro personas, con baño privado. Desayuno para clientes.

Gistiheimilið Sunna
MAPA M3 ▪ Þórsgata 26, 101 Reikiavik ▪ 511 5570 ▪ www.sunna.is ▪ ⓚ
Cercano a Hallgrímskirkja, las habitaciones son limpias y con acceso a cocina, y tienen baños privados o compartidos. Incluye bufé de desayuno. Algunas habitaciones tienen vistas a una iglesia.

Kex Hostel
MAPA B5 ▪ Skúlagata 28, 101 Reikiavik ▪ 561 6060 ▪ www.kexhostel.is
Este hostal, vibrante y colorido, se encuentra en una fábrica de galletas reformada. Dispone de cómodos dormitorios comunes para máximo 16 personas, así como habitaciones privadas. La decoración es acogedora, con muebles de época repartidos por el amplio vestíbulo y el gastropub.

Lava Hostel
MAPA B5 ▪ Hjallabraut 51, 220 Hafnarfjörður ▪ 565 0900 ▪ www. lavahostel.is ▪ ⓚ
Este sencillo hostal en régimen de solo alojamiento tiene de 2 a 8 camas por habitación, baños compartidos y cocina equipada. También dispone de un dormitorio común para ir con saco de dormir (puede llevar su propias sábanas o alquilarlas). Parada de autobuses a Reikiavik y al aeropuerto en las cercanías.

Skálholtsskóli
MAPA C5 ▪ Skálholt ▪ 486 8870 ▪ www.skalholt.is ▪ ⓚ
Este hostal está asociado al Centro Skálholt, un organismo cultural dirigido por la Iglesia Evangélica Luterana de Islandia. Los conciertos de música religiosa en la catedral durante el verano son un plus. Además de habitaciones dobles y sencillas, ofrece la posibilidad de dormir en saco. Hay que reservar con antelación.

Sólheimar Eco-Village
MAPA C5 ▪ Grímsnes, 801 Selfoss ▪ 480 4483 ▪ www.solheimar.is ▪ ⓚ
Una estancia en esta comunidad sostenible de fama mundial, fundada en 1930, es inolvidable. Además de su cómodo hostal con acceso a la piscina y al *jacuzzi*, tiene talleres de artesanía, un café y un jardín de esculturas.

Gistiheimilið Hof
MAPA A4 ▪ Hofgarðar, 365 Snæfellsbær ▪ 846 3897 ▪ www.gistihof.is ▪ ⓚⓚ
Este largo edificio de tejado de turba se encuentra en un enclave rural panorámico cercano a una playa. La casa de huéspedes tiene seis unidades independientes, con tres habitaciones dobles, un baño, cocina y *jacuzzi* exterior. En verano, dispone de 16 *suites*.

Gistihúsið Egilsstöðum
MAPA G3 ▪ Egilsstaðir ▪ 471 1114 ▪ www.lakehotel.is ▪ ⓚⓚ
Con un ambiente acogedor y familiar, este hotel ocupa una amplia granja renovada a las afueras de la ciudad, con unas estupendas vistas sobre el lago. Todas las habitaciones son *suites*. Cuenta con un estupendo restaurante, Eldhúsið, en la primera planta, y un *spa*, Baðhúsið, en la planta baja.

Precios ver p. 128

Hôtel Geysir

MAPA C5 ▪ Haukadalur 35, 806 Selfoss ▪ 4480 6800 ▪ www.hotelgeysir.is ▪ ⓀⓀ
Situado justo enfrente de las cascadas geotermales, este hotel es una estupenda opción para grupos. El hotel cuenta con 22 habitaciones con desayuno incluido en el precio. En el vestíbulo hay un telescopio y, en el aledaño Geysir Centre, un café y dos restaurantes.

Puffin Hotel Vík

MAPA D6 ▪ Vikurbraut 26, Vík ▪ 467 1212 ▪ www.puffinhotelvik.is ▪ ⓀⓀ
Puffin es un encantador hotel y un hostal. El hotel tiene 22 habitaciones tipo *suite* dispuestas entre un edificio moderno y un ala antigua. Otro edificio alberga las 12 habitaciones del hostal, con acceso a cocina y baño compartido. También cuenta con apartamentos.

Hoteles de verano y Eddas

Hólar í Hjaltadal

MAPA D2 ▪ Hólar, cerca de Sauðárkrókur ▪ 849 6348 ▪ Abierto junio-agosto ▪ www.visitholar.is ▪ Ⓚ
La pequeña comunidad de Hólar alberga una catedral de gran interés, la propiedad más grande de la isla y la universidad de Hólar, donde las habitaciones de los estudiantes se ponen a disposición de los turistas.

Hótel Edda Höfn

MAPA G5 ▪ Höfn ▪ 444 4850 ▪ Abierto mayo-septiembre ▪ www.icelandairhotels.com ▪ Ⓚ
Buena base para visitar el glaciar Vatnajökull o para

hacer senderismo en la reserva Lónsöræfi, estos edificios escolares ofrecen 36 habitaciones recién renovadas con baño privado y aseos, además de un restaurante que sirve desayunos.

Hótel Hallormstaður

MAPA G3 ▪ Hallormstaður, cerca de Egilsstaðir ▪ 471 2400 ▪ www.701hotels.is ▪ Ⓚ
Un acogedor hotel rural en el bosque más grande de Islandia, cerca del lago Lagarfljót. El hotel tiene casitas independientes de madera, habitaciones en una gran casa de huéspedes y un alojamiento que solo abre en verano. Los clientes pueden elegir entre los dos restaurantes del hotel.

Hotel Skógar

MAPA C6 ▪ Skógum, 861 Hvolsvöllur ▪ 487 4880 ▪ www.hotelskogar.is ▪ Ⓚ
Pequeño y acogedor hotel con 12 habitaciones sencillas, dobles, triples y de lujo. Cuenta también con un *jacuzzi* y una sauna. Está situado a unos minutos a pie de la cascada de Skógafoss y el Museo Skógar.

Fosshotel Húsavík

MAPA E2 ▪ Ketilsbraut 22, 640 Húsavík ▪ 464 1220 ▪ 478 2555 ▪ www.fosshotel.is ▪ ⓀⓀ
Situado en el puerto de Húsavík, se trata del mayor hotel de negocios del norte de Islandia. Tiene 100 habitaciones espaciosas, decoradas con gusto y equipadas con TV por satélite, frigorífico, minibar y wifi. La carta de su restaurante Moby Dick emplea productos de la zona. Cuenta con aparcamiento para clientes.

Fosshótel Vatnajökull

MAPA G5 ▪ Carretera 1 cerca de Höfn, Hornafjörður ▪ 478 2555 ▪ www.fosshotel.is ▪ ⓀⓀ
Funcional y pulcro, con habitaciones cálidas pero pequeñas y sencillas. Dada su localización, es recomendable pedir una habitación con vistas al glaciar. También hay un restaurante.

Hótel Aldan

MAPA H3 ▪ Norðurgata 2, 710 Seyðisfjörður ▪ 472 1277 ▪ www.hotelaldan.is ▪ ⓀⓀ
Un edificio de madera del siglo XIX junto al puerto. Anteriormente un banco, ha sido transformado en un hotel de nueve habitaciones, pero conserva un ambiente histórico con muebles de época. Tiene un bar y un excelente restaurante. Su cercano hermano, el Hótel Snæfell, dirigido por la misma familia, dispone de habitaciones suplementarias.

Hótel Edda Ísafjörður

MAPA B2 ▪ Torfsnes, Ísafjörður ▪ 444 4960 ▪ Abierto junio-agosto ▪ www.icelandairhotels.com ▪ ⓀⓀ
Cerca del centro de Ísafjörður, esta escuela (durante gran parte del año) tiene buenas instalaciones. Las habitaciones cuentan con baños individuales o lavabos en la habitación. Hay una zona de acampada y espacio para el saco de dormir en el gimnasio con calefacción. Bufé de desayuno opcional.

Hótel Flókalundur
MAP C5 • Vatnsfirði, 451 Patreksfjörður ▪ 456 2011 ▪ Abierto mayo-septiembre ▪ www.flokalundur.is ▪ Ⓚ Ⓚ
Este hotel familiar está situado en la costa sur de los Fiordos Occidentales, cerca de Látrabjarg, Rauðasandur y Ísafjörður. Cuenta con 15 cómodas habitaciones con impresionistas vistas al paisaje cincundante.

Campings y alojamientos con encanto

Egilsstaðir Campsite
MAPA G3 ▪ Kaupvangur 17, 700 Egilsstaðir ▪ 470 0750 ▪ www. campegllsstadir.is ▪ Ⓚ
Bien situado en mitad de Egilsstaðir, esta zona de acampada recientemente renovada ofrece instalaciones 24 h, incluidos baños modernos, lavadoras y una protegida zona de barbacoa y de descanso. Los visitantes disponen también de cocina, plancha, tostadora, microondas y hervidor.

Galtalækur II
MAPA C5 ▪ Carretera 26, Rangárþing ytra, Hella ▪ 487 6528 ▪ 1.is/gl2/en ▪ Ⓚ
Agradable zona de acampada y cabañas individuales cerca del volcán Hekla, el lago Tangavatn y la cascada Þjófafoss. Se venden permisos de pesca.

Hamrar Campsite
MAPA E2 ▪ Kjarnaskógur, Akureyri ▪ 461 2264 ▪ www.hamrar.is ▪ Ⓚ
Una enorme zona de acampada cercana al bosque de las afueras de Akureyri, en el norte de la isla. No es necesario reservar. Dispone

de baños, duchas calientes, lavadoras y secadoras, además de una cocina y una zona de comedor cubierta.

Hlíð Campsite
MAPA F2 ▪ Reykjahlíð, Mývatn ▪ 464 4103 ▪ www.myvatnaccom modation.is ▪ Ⓚ
Una estupenda base si piensa visitar Mývatn, con bellas vistas de Reykjahkíð y el lago. En el campamento encontrará duchas calientes, aseos y pilas en el exterior para lavar los platos. También dispone de cabañas de madera y un edificio con dormitorios.

Hótel Dyrhólaey
MAPA D6 ▪ Cerca de Vík ▪ 487 1333 ▪ www.dyrholaey.is ▪ Ⓚ
Esta granja junto al lago está en las colinas que miran a la reserva de aves de Dyrhólaey. Sus habitaciones totalmente equipadas tienen baños privados y son cálidas y muy cómodas. Las que miran al norte tienen bonitas vistas sobre el casquete Mýrdalsjökull. Sus empleados son serviciales y el restaurante ofrece desayunos saludables y un bufé por las noches con platos islandeses a buen precio.

Reykjavík Campsite
MAPA R2 ▪ Sundlaugarvegur 34, 105 Reikiavik ▪ 568 6944 ▪ www.reykjavikcampsite. is ▪ Ⓚ
La enorme ladera cubierta de hierba de este camping tiene espacio para colocar cientos de tiendas. A un paseo de 35-40 minutos del centro de la ciudad, cuenta con una zona de cocina cubierta, lavadora y secadora, aseos y duchas.

Hótel Anna
MAPA D6 ▪ Moldnúpur, Carretera 246, entre Skógar y Seljarlandsfoss ▪ 487 8950 ▪ www. hotelanna.is ▪ Ⓚ Ⓚ Ⓚ
Granja con tejado rojo en un maravilloso enclave rural con el Eyjafjallajökull en el horizonte. Camas grandes, techos bajos y muebles de madera añaden personalidad. Cuenta con jacuzzi y sauna.

Hótel Laki
MAPA E5 ▪ Efri Vík, Kirkjubæjarklaustur ▪ 412 4600 ▪ www. hotellaki.is ▪ Ⓚ Ⓚ Ⓚ
En una granja rehabilitada, las habitaciones de este familiar hotel son dobles con baño. Situado al borde de un pseudocráter y de un campo de lava que se extiende hacia Lakagígar, el hotel Laki es la base perfecta para senderistas y amantes de la naturaleza.

Hótel Látrabjarg
MAPA A2 ▪ Carretera 615 a 3 km del cruce de la 612/615 con Vesturbyggð ▪ 456 1500 ▪ Abierto: mediados mayo-septiembre ▪ www. latrabjarg.com ▪ Ⓚ Ⓚ Ⓚ
Originariamente un internado, este hotel está cerca de los acantilados. Habitaciones con baños individuales. Podrá pescar truchas en el lago Sauðlauksdalur.

Hótel Tindastóll
MAPA D2 ▪ Lindargata 3, Sauðárkrókur ▪ 453 5002 ▪ www.artichotels.is ▪ Ⓚ Ⓚ Ⓚ
El hotel más antiguo de Islandia abrió sus puertas en 1884 y tiene un spa exterior. Habitaciones acogedoras en las que, según cuentan, vive un fantasma.

Precios ver p. 128

Índice general

12 Tónar 79

A

A pie 121
Acampada 68, 69, 127, 133
Actividades al aire libre 58-59
Actividades para los niños
    54-55
Aduanas e inmigración122, 123
Akranes 85
Akranes Folk Museum 85, 86
Akureyrarkirkja (Akureyri) 96
Akureyri 7, 96
    alojamiento 130, 133
    restaurantes 62, 99
Albergues 69, 127
Alce 69
Alcohol 69, 122-123
Aldeyjarfoss 45, 117
Almannagjá 12
Alojamiento 127, 128-133
    alojamientos con encanto 133
    campings 133
    hostales 131-132
    hoteles 128-131
    hoteles de verano y Eddas
        132-133
Alþing 12, 13, 36
Alþingishúsið (Asamblea
    Nacional) (Reikiavik) 78
Arason, obispo Jón 36, 37, 39,
    50, 96
Árbær, Museo al Aire Libre
    (Reikiavik) 41
Arenques
    Museo de la Era de los
    Arenques (Siglufjörður) 42
Arnarson, Ingólfur 36, 37, 53, 75
Arnarstapi 27, 60
Árnason, Kristinn 71
Ásbyrgi 24, 60
Askja 21, 47, 102
    excursiones y visitas
    guiadas 126, 127
Ásmundur Sveinsson, Museo
    de Escultura (Reikiavik) 41, 78
Atlavík 103
Aurora boreal 5, 34-35, 68
    contemplación 59
Autoabastecimiento 69, 126
Avalanchas 123
Aves 52-53
    acantilados de Látrabjarg
        11, 28-29, 52
    Brieðafjörður 53
    Dyrhólaey 52
    Eyjabakkar 104

Garðskagi 53
Grótta 66
Héraðsflói 103
Hornbjarg 52
Ingólfshöfði 53
islas 50-51
Jökulsá á Dal 53
Jökulsárlón 33, 52
Mývatn 20
    observación de aves 69
    Parque Nacional de
    Snæfellsökull 27
    Parque Natural Höfði 97
    Tjörnin 54
    Vatnajökull 24

B

Bænahús, iglesia de
    (Núpsstaður) 38
Bakkagerði ver Borgarfjörður
    Eystri
Ballenas
    Museo de las Ballenas
        de Húsavík 43, 54, 96
    observación 52, 55, 126, 127
Bancos 124
Baño 59
    ver también Fuentes
    termales; Nadar
Bárður, estatua de 27
Barnafoss 44, 83, 85
Bayas 66
Bergþór 55
Berserkjahraun, campo de
    lava 86
Bestia de Hvalfjörður 55
Bicicleta 69, 121
Bjargtangar 29
Bjarnarfell 17
Björk 43, 71
Björnsson, Sveinn 37
Bláhnúkur 30, 31
Blesi 16
Blönduós 95
    restaurantes 99
Bolungarvík 92
Borg á Mýrum 86
Borgarfjörður Eystri 100, 102
    restaurantes 105
Borgarnes 82, 85
    alojamiento 130
    nadar 59
    restaurantes 87
Breiðárlón 32
Breiðavík 29, 52
Brieðafjörður 53, 84
Buceo 59

Búðir 82, 84
    restaurantes 87
Bustarfell 104

C

Cafés 60-61
    Reikiavik 80
Camarina negra 68
Camping 67, 127, 133
Cañones y gargantas
    Ásbyrgi 24
    Gullfoss 18
    Jökulsárgljúfur 22-23, 25, 97
    Pennugil 92
Carné de identidad 122
Casa Höfði (Reikiavik) 77, 78
Cascadas 44-45, 69
    Aldeyjarfoss 45, 117
    Barnafoss 44, 83, 85
    Dettifoss 22-23, 25, 44, 97
    Dynjandi 45, 90
    Glanni 86
    Glymur 44, 85
    Goðafoss 45, 98
    Gullfoss 10, 18-19, 44, 109,
        111
    Hafragilsfoss 97
    Hengifoss 103, 104
    Hraunfossar 44, 83, 85
    Ófærufoss 30, 45
    Öxarárfoss 13, 55, 108
    Seljalandsfoss 7, 44, 69
    Skógafoss 7, 45, 55
    Svartifoss 7, 25, 60
Casquetes polares
    Drangajökull 91
    Eyjafjallajökull 4, 7, 44, 46 60
    Höfsjökull 19
    Langjökull 19, 115, 116
    Mýrdalsjökull 47, 60, 61, 112
    Snæfellsjökull 26, 27, 46,
        82, 84
    Vatnajökull 7, 11, 24, 32, 101
Centro de la Emigración
    Islandesa (Hofsós) 42, 98
Centro de la Saga de
    Hvolsvöllur 6, 112
Centro del Asentamiento de
    Borgarnes 42, 54, 83, 85
Centro del Zorro Ártico de
    Súðavík 90-91
Centro Geysir 17
Centro histórico de Reikiavik
    75
Círculo de Oro 108-109, 111,
    126, 127
Círculo Polar Ártico 95

Agradecimientos

Edición actualizada por

Colaboración Jenna Gottlieb

Edición sénior Alison McGill

Diseño sénior Vinita Venugopal

Edición de proyecto Dipika Dasgupta, Lucy Sara-Kelly

Diseño de proyecto Bharti Karakoti

Documentación fotográfica Vagisha Pushp

Iconografía sénior Taiyaba Khatoon

Diseño de cubierta Jordan Lambley

Cartografía sénior Subhashree Bharati

Cartografía Suresh Kumar

Diseño DTP Tanveer Zaidi

Producción sénior Jason Little

Producción Kariss Ainsworth

Responsable editorial adjunto Beverly Smart

Responsables editoriales Shikha Kulkarni, Hollie Teague

Edición de arte Sarah Snelling

Edición de arte sénior Editor Priyanka Thakur

Dirección de arte Maxine Pedliham

Dirección editorial Georgina Dee

DK quiere dar las gracias a las siguientes personas por su contribución a la edición anterior: David Leffman, Michael Kissane, Bergljót Njóla Jakobsdóttir, Helen Peters, Nigel Hicks, Rough Guides/David Leffman.

Créditos fotográficos

La editorial quiere agradecer a las siguientes personas, instituciones y compañías el permiso para reproducir las siguientes fotografías:

Leyenda: a=arriba; b=abajo; c=centro; f=extremo; l=izquierda; r=derecha; t=superior

123RF.com: pitinan21br.

4Corners: SIME/Olimpio Fantuz 3tl, 72–3; SIM /Maurizio Rellini 56–7.

Alamy Stock Photo: Egill Bjarnason 64b; COMPAGNON Bruno 33br; PHOTOFVG RM COLLECTION 66crb; imageBROKER/ Dr. Torsten Heydenreich 90b; Arctic Images 68bc; Joana Kruse 71br; Barry Lewis 62t; Icelandic photo agency 61br; Mary Evans Picture Library 36tl; Icelandic photo agency/Sigurdur Jokull Olafsson 60t; Graham Prentice 74tl; Steven Sheppardson 37t.

Ásgeir Helgi & Agust G. Atlason: 68b.

Corbis: Arctic-Images/SuperStock 50t; Arctic-Images 4b, 55tr, 58br, 116b; Hans Strand 115t.

Dreamstime.com: Sylvia Adams 32clb; Adreslebedev 4clb; Aiisha 4t; Steve Allen 22–3; Andreanita 24bl; Claudio Balducelli 20–21c; Gisli Baldursson 33tl, 53tr; Darius Baužys 13tl; Andrey Bayda 49tl; Bilderschorsch 104bl; Sigurdur William Brynjarsson 2tr, 34–5; Tomáš Bureš 47bc; Cadifor 103bc; Checco 52br, 60t; Chrishowey 51br; Demerzel 21 2tl, 8–9, 106-107; Dervuth 76b; Filip Fuxa 1, 7cr, 10bl, 46crb, 85bl; Gkoultouridis 16–7c; H368k742 55clb, 69tr; Jon Helgason 46tc; Humgate 7tr; Iaceo 6cl; Martín Zalba Ibanez 32br; Dmitry Islentyev 14bl; Jarcosa98crb, Javarman 30–31c; Jeremyreds 3tr, 118–19; Aagje De Jong 61cl; Þórarinn Jónsson 45b; Kreierson 12br; Oleksandr Korzhenko 84t; Ivan Kurmyshov 103cla; Thomas Langlands 27tl, Florence Mcginn 28–9c, minnystock 11t; Nur Ismail Mohammad 102b; Erzsi Molnár 53cl; Oriontrail 77cla; Parys 48bl; Pedja77 52clb; Tawatchai Prakobkit 66t; Johann Ragnarsson 49crb; Michael Ransburg 18–19c, 51tl; Arseniy Rogov 48tc; Sanspek 4cla; Selitbul 52br; Serinus 4cl; Rafn Sigurbjörnsson 11crb; Marteinn Sigurdsson 90cra; Smallredgirl 10cb; Kippy Spilker 13cb; Standret 22–3; Alexey Stiop 29cl; Takepicsforfun 4crb; Tatonka 96b; Ryan Taylor 10–11b; Milan_tesar 31bl; Alexey Tkachenko 60bc; Tomas1111 26cl, 39tl; Maksym Topchii 25tl; Larysa Uhryn 47b; Ucheema 4cra; Ukrphoto 63tr; Victorianl 11cra; Corepics Vof 30bl; Dennis Van De

Water 14-5c; Wkruck 11c; Sara Winter 18br; Zbindere 89br.

Fishmarkadurinn: Bjorn Arnason 62br.

FLPA: Bill Coster 20b; ImageBroker 67br.

Getty Images: Bloomberg 37br; Corbis NX/Arctic-Images 58bl; Patrick Dieudonne 86tc; Michele Falzone 42tr; Atli Mar Hafsteinsson 86bl; Thorsten Henn 53cl; Lonely Planet Images 6tr; Richard Manin 42bl; Martin Moos 88tl.

Grái Kötturinn: 80bl.

Hótel Geysir: 17tl.

Inside the Volcano: Sølve Fredheim 112bl.

iStockphoto.com: Olga_Gavrilova 16clb, parys 21tl, E+ / SimonSkafar 1.

Kirsuberjatréð: 79tr.

National Museum of Iceland, ÞJÓÐMINJASAFN ÍSLANDS: 40cl.

Nielsen Restaurant: 105tr.

Photoshot: Stefan Auth 94tl; Picture Alliance/Carsten Schmidt 24br.

Rauða Húsið: 113tr.

Rex Features: Agencia EFE 69tr.

Reykjavík City Museum: G. Bjarki Gudmundsson 41br.

Sjavargrillid: 81cr.

Sigurjón Ólafsson Museum: Embrace - NATO, 1949, by Sigurjón Ólafsson LSÓ 1102 41tl.

Þrír Frakkar: Picasa 65cr.

Cubierta

Delantera y lomo: **iStockphoto.com:** E+ / SimonSkafar.

Trasera: **Dreamstime.com:** ristinn Kristinsson tr; **Getty Images:** Moment / Somnuk Krobkum crb; **iStockphoto. com:** E+ / SimonSkafar b; David Watts Jr. tl; **Getty Images:** L. Toshio Kishiyama cla.

Mapa desplegable
iStockphoto.com: E+ / SimonSkafar.

Resto de imágenes © Dorling Kindersley Para más información:
www.dkimages.com

De la edición en español
Servicios editoriales Moonbook
Traducción DK
Coordinación editorial Cristina Gómez de las Cortinas
Dirección editorial Elsa Vicente

Impreso y encuadernado en China

Publicado originalmente en Gran Bretaña en 2010
por Dorling Kindersley Limited
DK, One Embassy Gardens,
8 Viaduct Gardens, London SW11 7BW, UK

Copyright © 2010, 2023 Dorling Kindersley Limited
Parte de Penguin Random House

Título original Eyewitness Travel Top 10 Iceland
Tercera edición, 2024

ISBN 978-0-241-72145-2

MIXTO
Papel | Apoyando la selvicultura responsable
FSC® C018179
www.fsc.org

Frases útiles

El islandés es una lengua nórdica. Muchos de sus sonidos no existen en español. Su alfabeto cuenta con tres letras que no existen en el alfabeto español: Þ (que se pronuncia como una z), ð (que se pronuncia como una d suave) y æ (que se pronuncia ai). El acento tónico cae en la primera sílaba de la palabra.

Emergencias

¡Socorro!	**Hjálp!**
Llame a un médico	**Náið lækni**
Llame a una ambulancia	**Hringdu í sjúkrabíl**
Llame a la policía	**Hringdu í lögregluna**
Llame a los bomberos	**Hringdu í slökkviliðið**

Comunicación básica

Sí	**Já**
No	**Nei**
Por favor	**Gjörðu svo vel**
Gracias	**Takk/takk fyrir**
Disculpe	**Afsakið**
Hola	**Halló**
Hola (formal)	**Vertu sæl/sæll**
Adiós	**Bless**
Buenas noches	**Góða nótt**
Buenos días	**Góða morgunn**
Buenas tardes	**Gott kvöld**

Frases habituales

¿Cómo está?	**Hvað segirðu gott?**
Muy bien, gracias	**Alt gott**
Está bien	**það er fínt/gott**
¿Dónde está/están...?	**Hvar er/eru...?**
¿Cómo se llega a...?	**Hvernig kemst ég til...?**
¿Habla inglés?	**Talarðu ensku?**
No entiendo	**Ég skil ekki**

De compras

¿Cuánto cuesta?	**Hvað kostar þetta?**
Me gustaría...	**Ég ætla að fá...**
¿Acepta tarjetas de crédito?	**Takið þið kreditkort?**
¿Acepta cheques de viaje?	**Takið þið ferðatékka?**
¿A qué hora abre/cierra?	**Hvenær opnið/lokið þið?**
Este	**þessi hérna**
Ese	**þessi þarna**
Caro	**dýrt**
Talla	**stærð**

Tipos de tiendas

Panadería	**bakarí**
Banco	**banki**
Farmacia	**apótek**
Pescadería	**fiskibúð**
Garaje (taller mecánico)	**bílaverkstæði**
Mercado	**markaður**
Oficina de correos	**pósthús**
Supermercado	**mataverslun**
Agencia de viajes	**ferðaskrifstofa**

Visitas

Galería de arte	**listagallerí**
Bahía	**flói**
Playa	**fjara**
Bicicleta	**reiðhjól**
Autobús (urbano)	**strætó**
Autobús (larga distancia)	**rúta**
Estación de autobuses	**umferðamiðstöð**
Billete de autobús	**strætó/rútu miði**
Coche	**bíll**
Alquiler de coches	**bílaleiga**
Catedral	**dómkirkja**
Iglesia	**kirkja**
Glaciar	**jökull**
Puerto	**höfn**
Manantial	**hver**
Isla	**eyja**
Lago	**stöðuvatn**
Montaña	**fjall**
Museo	**safn**
Información turística	**upplýsingamið**
Cascada	**foss**

En el hotel

¿Tiene alguna habitación libre?	**Eigið þið laust herbergi?**
Habitación doble con cama doble	**Tveggja manna herbergi með hjónarúmi**
Habitación doble	**tveggja manna herbergi**
Habitación sencilla	**eins manns herbergi**
Habitación con baño/ducha	**herbergi með baði/ sturtu/**
Tengo una reserva	**Ég á pantað**

En el restaurante

¿Tiene una mesa libre?	**Eigið þið laust borð?**
Me gustaría reservar una mesa	**Gæti ég pantað borð**
Desayuno	**morgunmatur**
Comida	**hádegismatur**
Cena	**kvöldmatur**
La cuenta, por favor	**Relkninginn takk**
Camarera/camarero	**þjónn**
Carta	**matseðill**
Aperitivo	**smáréttur**
Primer plato	**forréttur**
Plato principal	**aðalréttur**
Postre	**efitrréttur**
Carta de vinos	**vínlisti**
Vaso	**glas**
Botella	**flaska**
Cuchillo	**hnífur**
Tenedor	**gaffall**
Cuchara	**skeið**

La carta

bjór	cerveza
brauð	pan
feskir ávextir	fruta fresca
fiskur	pescado
franskar	patatas fritas
grænmeti	verduras
grillað	parrillada

gufusoðið	cocido
hvítvín	vino blanco
ís	helado
kaka/vínarbrauð	tarta/pastel
kartöflur	patatas
kjöt	carne
kjúklingur	pollo
lambakjöt	cordero
laukur	cebolla
lax	salmón
mjólk	leche
nautasteik	carne de res
ostur	queso
pipar	pimienta
pylsa/pulsa	perrito caliente
rauðvín	vino tinto
rækjur	gambas
sjávarréttur	marisco
smjör	mantequilla
soðið	hervido
sódavatn	agua mineral
sósa	salsa
steikt	frito
súkkulaði	chocolate
súpa	sopa
svínakjöt	cerdo
sykur	azúcar
te	té
vatn	agua mineral
ýsa	bacalao

Señales prácticas

Abierto	**opið**
Cerrado	**lokað**
Entrada	**inn/inngangur**
Salida	**út/útgangur**
Carretera para todoterreno	**jeppaslóð**
Aparcamiento	**bílastæði**
Puente de un solo carril	**einbreið brú**
Peligro	**hæta**
Prohibido	**bannað**
Fin de la zona asfaltada	**malbi slitlag endar**
Zona de acampada/ camping	**tjaldsvæði**
Aseos	**klósett**
Aseo de mujeres	**kvennaklósett**
Aseo de caballeros	**karlaklósett**

Tiempo

Un minuto	**ein mínúta**
Una hora	**ein klukkustund**
Un día	**dagur**
Lunes	**mánudagur**
Martes	**þriðjudagur**
Miércoles	**miðvikudagur**
Jueves	**fimmtudagur**
Viernes	**föstudagur**
Sábado	**laugardagur**
Domingo	**sunnudagur**

Números

1	**einn**
2	**tveir**
3	**þrír**
4	**fjórir**
5	**fimm**
6	**sex**
7	**sjö**
8	**átta**
9	**níu**
10	**tíu**
11	**ellefu**
12	**tólf**
13	**þrettán**
14	**fjórtán**
15	**fimmtán**
16	**sextán**
17	**sautján**
18	**átján**
19	**nítján**
20	**tuttugu**
21	**tuttugu og einn**
30	**þrjátíu**
40	**fjörtíu**
50	**fimmtíu**
60	**sextíu**
70	**sjötíu**
80	**áttatíu**
90	**níutíu**
100	**hundrað**
1.000	**þúsund**
1.000.000	**miljón**

Ciudades de Islandia

Akranes	B5	Flateyri	B2	Hvammstangi	C3	Selárdalur	A2
Akureyri	E2	Flókalundur	B2	Hveragerði	C5	Selatangar	B5
Bakkafjörður	G2	Flúðir	C5	Hvolsvöllur	C6	Selfoss	C5
Bergþórshvoll	C6	Garður	B5	Keflavík	B5	Seyðisfjörður	G3
Bifröst	C4	Gjögur	C2	Keldur	D5	Siglufjörður	D2
Bíldudalur	A2	Grenivík	E2	Kirkjubæjarklaustur	E5	Skaftafell	F5
Blönduós	D2	Grímsstaðir	F2	Kópasker	F1	Skagaströnd	C2
Bolungarvík	B1	Grindavík	B5	Krýsuvík	B5	Skálholt	C5
Borðeyri	C3	Grund	E3	Laugar	C3	Skógar	D6
Borgarfjörður Eystri	H2	Grundarfjörður	B3	Laugarvatn	C5	Stöðvarfjörður	H4
Borgarnes	B4	Hafnarfjörður	B5	Miðsandur	C4	Stokkseyri	C5
Breiðavík	A2	Hafnir	B5	Möðrudalur	F3	Stykkishólmur	B3
Breiðdalsvík	H4	Hallormsstaður	G3	Neskaupstaður	H3	Súðavík	B2
Brjánslækur	B3	Haukadalur	C5	Norðurfjörður	C2	Suðureyri	B2
Brú	C3	Hella	C5	Ólafsfjörður	E2	Svalbarðseyri	E2
Búðir	A4	Hellissandur	A3	Ólafsvík	A4	Tálknafjörður	A2
Dalvík	E2	Hellnar	A4	Patreksfjörður	A2	Vegamót	B4
Djúpavík	C2	Hnjótur	A2	Raufarhöfn	F1	Viðimýri	D3
Djúpivogur	G4	Höfn	G5	Reyðarfjörður	G3	Vík	D6
Drittvík	A4	Hofsós	D2	Reykhólar	B3	Vopnafjörður	G2
Egilsstaðir	G3	Hólar	D2	Reykholt	C4	Þingeyrar	C2
Eiðar	G3	Hólmavík	C2	Reykjahlíð	F2	Þingeyri	B2
Eskifjörður	H3	Hrafnagil	E2	Reykjanes	B2	Þorlákshöfn	C5
Eyrarbakki	C5	Hrafnseyri	B2	Reikiavik	B5	Þórshöfn	G1
Fagurhólsmýri	F5	Húsafell	C4	Rif	A3		
Fáskrúðsfjörður	H3	Húsavík	E2	Sandgerði	B5		
Fellabær	G3	Hvallátur	A2	Sauðárkrókur	D2		

Callejero de Reikiavik

Aðalstræti	K2	Fríkirkjuvegur	L3	Kringlumýrarbraut	Q3	Sóltún	P3
Ægisgata	K2	Furumelur	J3	Kvisthagi	J3	Sólvallagata	J2
Ánanaust	J1	Gamla Hringbraut	M4	Lækjargata	L2	Sölvhólsg	M2
Aragata	K4	Garðastræti	K2	Langahlíð	N4	Stakkahlíð	N5
Ásvallagata	J2	Geirsgata	L2	Laufásvegur	L4	Stórholt	N4
Audarstræti	M4	Grandagarður	K1	Laugalækur	R2	Sturlugata	K4
Austurstræti	L2	Grandavegur	J2	Laugarnesvegur	Q2	Suðurgata	K4
Baldursgata	L3	Grenimelur	J3	Laugateigur	R4	Suðurlandsbraut	R4
Bankastræti	L2	Grettisgata	M3	Leifsgata	M4	Sundlaugarvegur	R2
Barónsstígur	M4	Guðbrandsg	K3	Leirulækur	R2	Tjarnargata	K2
Bárugata	K2	Guðrg	M4	Meistaravellir	J2	Tómasarhagi	J4
Bergstaðastræti	L3	Gunnarsbraut	M4	Miðtún	P3	Tryggvagata	L2
Bergþórugata	M3	Háahlíð	N6	Miklabraut	N5	Túngata	K2
Birkimelur	K3	Hafnarstræti	L2	Mýrargata	K1	Urðarst	L3
Blómvalla	K2	Hagamelur	J3	Njálsgata	M3	Vesturgata	K1
Bólstaðarhlíð	N5	Hagatorg	J3	Nóatún	P3	Vesturvallag	J2
Borgartún	P3	Hamrahlíð	N6	Nýlendugata	K1	Viðimelur	J3
Bræðraborgarstígur	K2	Háteigsvegur	N4	Ránargata	K2	Vitastígur	M3
Bragagata	L3	Hátún	P3	Rauðarárstígur	N3	Vonarstræti	L2
Brautarholt	P3	Hávallagata	K2	Reykjahlíð	N5	Þingholtsstræti	L3
Brynjólfsgata	J4	Hellus	L3	Reynimelur	J3	Þverholt	N4
Bústaðavegur	N6	Hjarðarhagi	J4	Sæbraut	R1		
Dunhagi	J4	Höfðatún	N3	Sæmundargata	K4		
Eggertsgata	K5	Hofsvallagata	J3	Seljavegur	J1		
Egilsgata	M4	Holtsgata	J2	Sigtún	Q3		
Eiríksgata	M4	Hörgshlíð	N6	Sjafnarg	L4		
Engjavegur	R4	Hringbraut	L4	Skálhst	L3		
Eskihlíð	N5	Hrísateigur	Q2	Skipholt	P4		
Espimelur	J3	Hverfisgata	M3	Skógarhlíð	M5		
Fiskislóð	K1	Ingólfsstræti	L2	Skólavörðustígur	L3		
Fjólugata	L3	Kalkofnsv	L2	Skothúsvegur	K3		
Flókagata	N4	Kaplaskjólsvegur	J2	Skúlagata	N3		
Fornhagi	J4	Kirkjuteigur	Q3	Smáragata	L4		
Frakkastígur	M3	Klapparstígur	M3	Snorrabraut	N3		
Freyjugata	M4	Klettagarðar	R1	Sóleyjargata	L3		